이것이 마이데이터다

이것이 마이데이터다

초판 1쇄 인쇄 2021년 6월 30일
1쇄 발행 2021년 7월 10일

지은이 **고은이 류성한 유재경**

펴낸이 **우세웅**
책임편집 **이현정**
기획편집 **박관수 한희진**
콘텐츠기획·홍보 **박서영**
북디자인 **박정호**

종이 **앤페이퍼**
인쇄 **㈜다온피앤피**

펴낸곳 **슬로디미디어그룹**
신고번호 **제25100-2017-000035호**
신고년월일 **2017년 6월 13일**
주소 **서울특별시 마포구 월드컵북로 400, 상암동 서울산업진흥원(문화콘텐츠센터) 5층 20호**

전화 **02)493-7780**
팩스 **0303)3442-7780**
전자우편 **slody925@gmail.com(원고투고·사업제휴)**
홈페이지 **slodymedia.modoo.at**
블로그 **slodymedia.xyz**
페이스북·인스타그램 **slodymedia**

ISBN 979-11-88977-97-0 (03320)

※이 도서의 국립중앙도서관 출판예정도서목록(CIP)은 서지정보유통지원시스템 홈페이지(http://
seoji.nl.go.kr)와 국가자료공동목록시스템(http://www.nl.go.kr/kolisnet)에서 이용하실 수 있습
니다.

※잘못된 책은 구입하신 서점에서 교환해 드립니다.

※〈이것이 마이데이터다〉 책에 나오는 이미지와 표는 자체 제작하여 출처 표기를 했으며, 독자들의
이해를 돕기 위해 책에서만 자료로 사용되었습니다.

금융, IT, 유통, 의료, 생활까지
'내 정보'가 한눈에 열리는 시대

이것이
마이데이터다

고은이, 류성한, 유재경 지음

 슬로디미디어

작가와의 7문 7답

1 마이데이터는 무엇이며 왜 중요한가요?

마이데이터는 말 그대로 '나의 데이터'입니다.

2020년 8월, 기업이 수집한 사용자 데이터의 소유권을 사용자에게 주는 데이터 3법이 통과되었습니다. 이제는 서비스를 운영하는 기업이 아닌, 바로 '내'가 '나'의 데이터 주인이라는 권리(데이터 주권)를 인정받은 것입니다.

우리는 이제 기업 내 데이터 저장소에 존재하는 우리의 데이터를 스스로 직접 통제할 수 있게 되었습니다.

마이데이터 사업은 데이터 보유 기업이 산업을 주도하는 기존의 패러다임을 바꿀 수 있습니다. 마이데이터 사업자는 데이터 소유권을 가진 사용자의 동의만 받는다면, 해당 사용자의 모든 데이터 조회 서비스를 제공하고, 이 데이터를 저장 및 분석하여 새로운 서비스를 제공할 수 있습니다. 데이터를 보유하지 못했던 기업도 얼마든지 '많은 분야의 다양한 사용자 데이터'를 보유할 수 있는 기회를 갖게 된 것입니다.

2 마이데이터가 작용하는 원리를 각 사회 주체의 역할과 관련해서 설명해주세요.

마이데이터는 크게 고객, 마이데이터 사업자, 정보제공자, 중계기관, 이렇게 네 가지 구성원이 핵심입니다.

먼저 고객이 마이데이터 사업자를 통해 자신의 모든 금융 데이터 조회를 요청합니다.

그럼 마이데이터 사업자는 고객을 대신하여 고객의 데이터를 보유하고 있는 정보 제공자로부터 정보를 받아옵니다.

받아온 데이터를 활용하여 마이데이터 사업자가 고객에게 조회 서비스를 제공하거나, 수집된 데이터를 분석하여 2차 서비스를 제공합니다.

마지막으로 마이데이터 사업자와 정보 제공자가 원활하게 데이터를 주고받기 위해서는 데이터 인프라 구축이 필수적입니다.

이때 정부가 지정한 중계기관은 정보 제공의 의무가 있지만 인프라 구축이 힘든 중소기업을 대신해서 마이데이터 사업자들에게 데이터를 송수신합니다.

3 우리의 일상에서 소비자들이 가장 쉽게 접할 수 있는 마이데이터 사례가 어떤 것이 있을까요? 그리고 이것이 우리의 일상과 문화를 어떻게 변화시킬 수 있을까요?

뱅크샐러드는 최종 허가를 받은 마이데이터 서비스 중 하나입니다. 이는 우선, 뱅크샐러드 서비스에서 은행, 카드사, 증권사, 보험사 등으로부터 나의 모든 이용 내역을 받아옵니다. 받아온 고객의 금융기관 이용 내역을 뱅크샐러드 고객에게 조회 서비스를 제공하고, 이 내역을 통해 고정지출을 알려주거나, 나의 소비 패턴에 맞는 카드를 추천해주기도 합니다.

마이데이터의 사업으로 불러올 수 있는 데이터의 범위가 그전보다 훨씬 넓어졌는데, 그전에는 카드·은행 결제 데이터 위주였다면 마이데이터 이후에는 인터넷에서 어떤 물건을 구매했는지, 가입한 예·적금 상품은 무엇인지 등의 더욱 다양하고 고도화된 맞춤형 서비스를 제공해줄 수 있게 될 것입니다.

2021년 8월 본격적으로 시작되는 '마이데이터 시대'를 통해 데이터를 기반으로 더욱 편리해진 우리의 일상을 기대해보아도 좋을 것 같습니다

4

왜 기업들은 마이데이터 관련 사업에 관심을 가져야 하는지, 그리고 마이데이터 관련 가장 앞서가는 기업은 어디인가요?

　기업 입장에서 마이데이터 산업의 가장 매력적인 포인트는 자사 고객이 자사에서 활동한 데이터뿐만 아니라 다른 서비스에서 활동한 데이터까지 조회 및 수집할 수 있다는 것입니다.

　마이데이터는 특정 도메인에 한정지은 개념이 아니며, 도메인에 상관없이 사용자의 데이터 주권의 중요성을 칭하는 개념입니다. 따라서 금융 도메인을 넘어 의료, 교통, 통신 등의 데이터 도메인까지 충분히 확장 가능합니다. 이에 마이데이터 개념을 미리 이해하고, 마이데이터 사업 허가 및 시행을 검토 및 대비하여야 합니다.

　아직 '앞서간다'고 표현할 기업을 말하는 것은 성급한 시점입니다. 기업들은 이제 막 출발선에 섰을 뿐입니다. 출발선에 서 있는 기업들은 사용자들의 데이터를 활용하여 그들의 비즈니스를 확장시킬 수 있거나 고도화시킬 수 있는 방법을 찾음과 동시에 큰 시너지를 낼 수 있는 비즈니스를 실행시킬 준비가 되어 있겠지요. 이제부터 마이데이터 사업 본허가를 통과한 28개 금융 분야 기업을 관심 갖고 지켜보면 좋을 것 같습니다.

5

마이데이터 사업자들에게 가장 중요한 것은 무엇일까요?

마이데이터 사업도 본질은 고객을 위한 서비스입니다. 그렇기 때문에 마이데이터 사업에서 가장 중요한 것은 데이터로 사람들을 사로잡을 수 있는 서비스(콘텐츠)를 제공하는 것입니다.

가장 대표적인 데이터 기반 서비스, 넷플릭스도 추천 알고리즘을 서비스하지만 넷플릭스의 많은 사용자들은 '풍요 속 빈곤이다', '뭐 볼지 고민하다가 시간이 다 지나 간다' 등의 이야기를 합니다. 즉, 아무리 좋은 데이터와 기술력이 있더라도 좋은 콘텐츠가 없다면 고객의 만족감은 떨어집니다.

이제 마이데이터의 도입으로 모든 기업들에게 동등한 데이터가 준비되었습니다. 기업들은 무엇이 되든 사람들이 정말로 원하고, 꾸준히 찾을 서비스(콘텐츠)를 생각하는 것이 중요할 것입니다.

6

마이데이터가 어떤 비즈니스 분야와 접목했을 때 가장 큰 시너지가 있다고 생각하시나요?

사람들의 데이터를 활용하는 비즈니스인 만큼, 사용자의 생활과 맞닿아 있는 비즈니스들이 큰 시너지를 낼 것으로 생각합니다.

특히 기대하고 있는 분야는 환자의 의료 데이터와 금융 데이터를 함께 활용한 새로운 비즈니스입니다.

금융 데이터를 활용하여 사용자에게 제공할 수 있는 서비스는 돈을 좀 더 현명하게 쓰도록 돕고, 사용자에게 맞는 금융 상품을 추천하는 등 사용자의 삶에 도움이 되는 정도의 서비스입니다. 하지만 의료 데이터는 우리의 건강과 직결된 서비스입니다. 만성 질환을 가진 사람의 소비 데이터를 통해 식습관 및 생활 습관을 분석하여 환자의 라이프 스타일을 관리할 수 있는 서비스를 만든다면, 사용자에게 보다 필수적인 서비스를 만들 수 있지 않을까요?

오픈뱅킹 API 구축 후 금융 분야에 적극적으로 마이데이터 사업이 도입된 것처럼, 의료 분야 또한 마이 헬스웨이 플랫폼 구축 후 마이데이터 사업이 활성화될 것으로 기대합니다.

7 현재 마이데이터 사업이 발전하기 위해 필요한 것이 무엇인가요?

마이데이터 사업이 더욱 활성화되기 위해서는 특정한 누군가의 변화가 아닌, 여러 이해관계자들의 노력이 필요하다고 생각합니다.

먼저 제도의 혁신으로 인해 시작된 변화인 만큼, 정부 기관의 노력이 선행되어야 할 것입니다. 그다음은 정책적 가치에 공감한 기업들이 이를 실현하기 위해 노력해야 할 것입니다.

더 나은 시장 생태계를 구축할 마지막 이해관계자는 정책의 수혜자이자 서비스 사용자인 우리, 즉 '사람'입니다.

정책의 효용성도, 기업이 제공하는 서비스의 가치도, 사람이 공감하지 않고 사용하지 않는다면 실현될 수 없습니다. 때문에 마이데이터 사업의 발전에 있어

가장 중요한 마지막 열쇠는 사용자입니다. 사람들이 자신의 권리를 정확하게 인식하고, 인지하여, 그것을 자율적인 통제 아래에서 행사할 수 있도록 하는 능동적인 사업이 핵심입니다.

데이터 3법 시행과 개인정보 전송요구권 마련 등 마이데이터 시대가 오고 있다. 이 책은 마이데이터 개념부터 마이데이터로 변화하는 시장의 모습 그리고 앞으로 전개될 마이데이터의 미래까지 마이데이터의 현재와 미래를 한눈에 조망하는 비법을 담고 있다. 마이데이터가 무엇인지 궁금한 학생, 일반인뿐 아니라 마이데이터 비즈니스를 시작하려는 모든 분들에게 소중한 길잡이가 되는 책이다.

이종서 / 한국데이터산업진흥원 데이터산업본부장

사용자와 연관된 수많은 데이터의 가치가 기하급수적으로 늘고 있어, 데이터의 주권과 그 활용이 법적으로나 비즈니스적으로 잘 디자인되어야 한다. 본 책은 개념으로 끝나는 것이 아니라, 구체적인 디자인까지 설명을 해서, 마이데이터의 실질적 이해와 활용에 도움이 되는 책이다.

반영환 / 국민대학교 스마트경험디자인학과 교수

마이데이터를 활용하여 맞춤형 서비스를 제공하는 자가 새로운 시장을 개척할 것이다. 이러한 측면에서 마이데이터 정의부터 활용까지 더 좋은 미래를 위해 세상을 밝게 하는 마이데이터 활용의 지침서가 될 것이다.

전종식 / 경남대학교 교수, 빅리더 (bigleader.net) Founder

마이데이터라는 단어가 들린 지 그리 오래되지 않았고 시중에 마이데이터의 개념과 사례가 잘 정리된 책이 없는 2021년 6월 현재, 이들이 정리해준 이 한 권의 책은 그래서 더 소중하고 놀랍다. 내가 이 책을 가까이 두고 마이데이터 개념을 이해하고 잘 활용하려 노력하는 것처럼 많은 사람들이 이 책을 통해 마이데이터를 잘 이해하여 현업과 생활에 적극 적용하는 것을 기대해본다.

강화선 / 스위트케이 UX Lead (이사)

스타트업의 엑셀러레이팅 업무를 위해 산업 트렌드로만 대략적으로 알고 있던 마이데이터에 대해 상세하게 배울 수 있다. 특히나 기존 비즈니스들에 마이데이터가 결합하면 기업 가치가 어떻게 상승하는지에 관한 깊이 있는 통찰이 인상적이다. 스타트업 생태계 종사자들이나 사업 개발 담당자들에게 적극 추천한다.

조성현 / 스마일게이트 오렌지플래닛 매니저

이 책은 데이터를 사용자 중심의 사고로 어떻게 바라봐야 하는지 마이데이터를 중심으로 풀어냄으로써 그 해답을 제시하고 있다.

장진규 박사 / 컴패노이드 랩스 의장

이 책은 마이데이터에 대한 개괄적인 설명뿐만 아니라, 데이터 활용 관점에서 구체적인 예시를 들어 마이데이터라는 개념을 한층 더 입체적으로 이해할 수 있게 도와주는 책이다. 마이데이터로 인해 당연하지 않았던 것들이 당연해지는 세상이 올 것을 대비해, 오늘부터 책장에 이 책을 들일 것을 적극 추천한다.

류일한 / 삼성전자 DIT센터 엔지니어

이 책은 독자들이 쉽게 이해할 수 있도록 금융, 의료, 교통 등의 산업에서 실제 출시된 서비스들을 자세히 설명해주며 마이데이터에 대한 실질적 이해를 도와준다. 또한 관련된 서비스를 만들어보고자 하는 사람들을 위해 데이터를 가져오고 가공하는 방법과 예시를 직접 보여준다. 이러한 부분들이 흥미도 주지만 향후 실제 업무 수행에 참고하기에도 유익하게 구성이 잘 되어 있다. 데이터 관련된 직업에 종사하시는 분들이라면 참고서처럼 가지고 있으면서 관련 프로젝트를 기획하고 수행할 때 활용하기 좋은 책이다.

이정현 / KB국민은행 AI혁신플랫폼부 Data Scientist

마이데이터에 대한 관심이 있다면 이 책부터 욕심을 내라. 기본 개념을 쉽게 설명해주고, 구체적이고 흥미로운 사례들로 가득하다. 또한 새로운 사업을 준비한다면 반드시 알아야 할 전략까지 소개해주고 있으니 당신이 원하는 모든 것이 여기에 있을 것이다.

윤주호 / 카카오페이 개발자

그동안 각종 공공기관, 기업 등에 흩어져 있던 '내 정보'들을 한 곳에 모아 볼 수 있는 세상이 다가오고 있다. 이제는 복합적인 데이터를 어떻게 해석할 것인지, 어떤 관점으로 바라봐서 고객의 문제를 풀어낼 것인지가 중요하다. 이 책에서는 마이데이터의 개념과 특징을 서술할 뿐 아니라, 실제 사례들을 토대로 다양한 관점에서 마이데이터를 바라볼 수 있게 도와주고 있다. 마이데이터가 아직 생소하신 분에게 입문서로 추천드린다.

이동근 / 뱅크샐러드 개발자

사람은 기술을 발전시키고, 기술은 다시 사람들이 속한 사회를 변화시킵니다.

많은 사람들이 자신의 자리에서 끊임없이 노력해준 덕분에, 우리는 엄청난 기술 발전을 목도할 수 있었고, 이는 수많은 혁신을 세상에 불러일으켰습니다. 말 그대로 우리의 삶이 똑똑해졌습니다.

우리는 더 이상 공문서를 발급받기 위해 은행이나 공공기관에 방문하지 않아도 되며, 자신의 신분을 증명하기 위해 많은 일들을 하지 않아도 됩니다. 다양한 디바이스를 이용하여 사무실 혹은 학교에서 멀리 떨어진 집을 통제할 수 있으며, 스스로의 생활 습관을 기록하고 변화시킬 수도 있습니다. 나에 대한 모든 정보는 디지털화되어 가상의 공간에 보관되며, 공간 안에서 정보들이 자유롭게 섞이고 연결되어 입체적인 '나'를 그리게 됩니다.

디지털 공간에서 '나'를 구체적으로 그려낼수록, 내가 필요한 정보와 내가 관심 있는 정보들을 정확하게 판단할 수 있게 됩니다. 다시 말해 나에 대한 많은 정보를 가지고 있을수록 나를 더 깊이 이해하며, 그로 인해 내가 원하는 것과 필요한 것들을 빠르고 정확하게 제안해줄 수 있습니다. 더 정확한 결과는 곧 기업의 이익과 연결될 수 있습니다.

이 때문에 사용자에 대한 정보, 즉 '데이터'를 확보하는 것이 기업의 경쟁력이 되었고 우리는 데이터 경제 시대에 살게 되었습니다.

데이터가 기업의 성패를 좌우하게 되면서, 많은 기업들에서 사용자의 데이터를 확보하고 이를 활용하는 것에 집중하기 시작했습니다. 그리고 이러한 경제 구조 변화의 파도는 언제나 그렇듯 사회적 인식 변화보다 빠르게 성장했으며, 우리 사회는 '개인정보 침해'라는 성장통을 앓기 시작했습니다.

비단 국내의 문제만은 아니었던 탓에 유럽에서 먼저 개인정보의 주인인 '데이터 주체'의 권리에 대해 논의하기 시작했고, 데이터 주체의 '정보 이동권'을 보장하기 위한 법률 제정이 시작되었습니다.

이렇듯 유럽에서 시작된 데이터 주체의 정보 이동권을 보장하는 마이데이터 정책은, 현재 데이터 비즈니스를 하는 거의 모든 국가에서 논의되고 있거나 관련 법률이 이미 제정된 상태입니다.

국내에서도 2018년도부터 관련 정책 및 법률안 제정이 논의되어 왔습니다. 이후 관련 준비를 끝마치고 올 2월 처음으로 금융 분야에 선제적으로 도입하여, 마이데이터 정책에 기반한 심사를 통해 마이데이터 사업을 진행할 예비사업자들이 선정되었습니다.

선정된 예비사업자들은 적절한 절차를 거쳐 마이데이터 사업을 위한 적정 기술과 시스템을 구축하게 됩니다.

이제 마이데이터는 본격적으로 우리의 일상에 들어올 준비를 하고 있습니다. 이 책은 미래에 마이데이터를 활용한 사업을 진행하고자 하는 사람, 현재 기업에서 마이데이터를 활용한 유닛 서비스를 제공하고자 하는 사람, 마이데이터를 공부하고자 하는 사람 등 마이데이터가 무엇이며, 이로 인해 변화할 사회에 대해 알고자 하는 사람들을 위해 쉽게 풀어 썼습니다.

이 책은 총 5개의 챕터로 구성되어 있습니다.

첫 번째 챕터에서는 마이데이터에 대한 전체적인 개론을 다루고 있습니다. 해외 및 국내 마이데이터 정책의 시작 배경과 주요 정책 항목에 대해 소개하고 마이데이터 사업에 대해 설명하였습니다.

두 번째 챕터에서는 분야별 사례 분석을 기반으로 각 산업 분야에서 보여지는 마이데이터 사업 형태를 다루고 있습니다. 금융, 의료, 교통 분야에 대해 마이데이터 사업이 진행되는 목적과 그 배경, 마이데이터 실증 사업자에 대한 구체적인 소개와 함께 산업 내 이해관계자가 느낄 수 있는 사업의 효익성을 소개합니다. 이외에도 마이데이터 정책 시행으로 인해 새롭게 생겨날 산업 영역을 조망합니다.

세 번째 챕터에서는 마이데이터를 활용한 사업 진행 시 필요한 비즈니스 전략에 대해 이야기합니다. 마이데이터뿐 아니라 데이터 비즈니스에서 고려해야 할 사항들과 마이데이터를 활용한 비즈니스 전략 유형에 대해 사례와 함께 소개합니다.

네 번째 챕터에서 마이데이터를 활용한 사업 진행 시 필요한 데이터 설계 방식에 대해 설명합니다. 데이터 구축, 품질 체크, 정보 추출로 이어지는 세 단계를 소개하며, 각 단계에서 고려해야 하는 것과 주의해야 하는 것에 대해 다루었습니다.

다섯 번째 챕터에서는 마이데이터를 활용한 사업을 고려하고 있는 모든 이들을 위한 제언을 담았습니다. 간과하기 쉽지만 고려해야 하는 사항들을 5가지 주제로 정리하여 쉽게 풀이했습니다.

우리가 이뤄낸 기술 혁신은 사회 변화를 촉발시켜 새로운 차원의 사회로 도약할 수 있게 해주었습니다. 그리고 이제 사회는 우리에게 기술 발전의 방향을 새롭게 제시하고 있습니다. 데이터 경제에 종사하며 새로운 방향을 모색하고 있는 많은 현업 전문가들과 변화된 기술로 인해 또다시 변화를 맞이할 사회에서 살아갈 준비를 하는 많은 개인에게도 이 책이 작은 도움이 될 수 있기를 바랍니다.

목차 ────────────────────────────────

Chapter4. 마이데이터와 데이터

Chapter5. 새로운 미래로의 전환

마이데이터
개론

이것이 마이데이터다

우리는 데이터의 시대에 살고 있습니다.

2019년 말 우한에서 처음 감염 사례가 보고된 이후, 1년이 지난 현재까지 전 세계는 'COVID-19', 일명 코로나바이러스감염증(코로나19)에 촉각을 곤두세우고 있습니다. 연일 다수의 미디어 매체에서 확진자 수와 역학조사를 통한 익명의 확진자 동선이 공개되고 있는데, 팬데믹 상황으로 접어들기 전 국내에서 초기 확진자가 나올 때 역학조사 결과의 공개 범위에 관한 논란이 크게 일었습니다.

개인정보 침해와 세계적인 유행병의 확산 예방이라는 두 갈림길에서 다양한 논쟁들이 오갔고, 이러한 논쟁은 출입명부 작성이 시행되면서 다시 한 번 제기되었습니다. 수기 명부 작성에 대해 누군가는 자신의 개인정보 공개 범위에 대한 의문을 제기하였고, 누군가는 작성된 타인의 개인정보를 사적으로 이용하였고, 또 누군가는 타인의 개인정보를 경제적 이득을 목적으로 팔아 넘겼습니다. 확진자의 이동 동선과 출입명부를 하나의 데이터로 간주하고 이 데이터를 이용하려고 한 것입니다.

출입명부 사례처럼 우리가 모르는 사이에 우리의 데이터가 이용되는 일은 온라인에서 자주 일어나고, 더욱 심해지고 있습니다. 온라인에서는 내가 하는 모든 행동이 데이터로 기록되어 저장됩니다. 어떤 웹 페이지에 몇 분 동안 접속했는지, 스크롤은 얼마나 내렸는지, 어디에 접속했는지까지.

최근에는 데이터 이용에 관한 법률의 수정으로 사이트 진입 시 쿠키 정보 추적 등에 대한 동의를 받지만, 사실 수집될 수 없는 데이터는 거의 없다고 보아도 무방합니다. 기업은 최대한 많은 데이터를 수집하고 자체 알고리즘에 의해 분석하여 검색 플랫폼의 맞춤형 광고, 카드사의 고객 이탈 예측, 영상 플랫폼의 동영상 추천 등 사용자의 행동을 유도하는 데 사용합니다.

코로나 출입명부를 동의 없이 활용하여 경제적 이득을 취한 사람들은 논란의 주인공이 되었는데, 기업이 우리의 데이터를 사용해 이윤을 추구하는 것은 괜찮은 것일까요? 기업의 데이터 수집 행위 자체가 개인정보(프라이버시) 침해라는 지적은 지금까지 끊이지 않고 제기되어 오고 있습니다.

마이데이터 정책의 시작

데이터 주체의 권한은 더 이상 옵션이 아닙니다.

기업들은 '빅데이터 시대'에 데이터를 매개로 현실에서 발생되는 데이터를 가공한 뒤 다시 현실에 적용하여 다양한 혁신을 창출하는데, 이와 같은 과정에서 개인정보를 활용한 비즈니스가 증가하며 개인정보 보호가 중요한 사회 이슈로 부상하고 있습니다.

이런 상황에 발맞춰 2018년에 EU(European Union, 유럽 연합)에서 개인정보 보호법을 가장 먼저 개정하면서, 데이터의 주인인 데이터 주체를 보호하고자 하였습니다.

이 개정안이 바로 일반개인정보보호법(GDPR, General Data Protection Regulation)이며, 이를 시작으로 미국, 영국, 일본, 싱가포르 등에서도 개인정보 보호 지침과 함께 데이터 주체의 권한이 담긴 가이드라인과 법적 근거가 담긴 제도적 장치를 마련했습니다.

국내에서는 개인정보 보호와 관련된 개정안, 일명 데이터 3법이 2020년 1월 9일 국회 본회의를 통과함에 따라 본격적으로 시행되고 있습니다. 데이터 3법은 개인정보 보호법, 정보통신망 이용촉진 및 정보 보호 등에 관한 법률, 신용정보의 이용 및 보호에 관한 법률을 지칭하는데[1], 각 법안에 대한 개정 목적 및 주요 내용은 아래와 같습니다(표 1.1).

법명	개정 목적	주요 내용
개인정보 보호법	- 데이터 기반의 신산업 육성과 양질의 일자리 창출에 기여 - 일원화된 개인정보 보호체계를 통해 기업과 국민의 혼란 방지와 체계적 정책 추진 - EU GDPR 적정성 평가의 필수 조건인 감독기구의 독립성 확보	- 가명정보 도입 등을 통한 데이터 활용 제고 - 동의 없이 처리할 수 있는 개인정보의 합리화 - 개인정보의 범위 명확화 - 개인정보 보호체계 일원화
정보통신망법	- 정보통신망법 내 개인정보 관련 다른 법령과의 유사·중복조항 정비와 협치(거버넌스) 개선	- 개인정보 보호 관련 사항은 「개인정보보호법」으로 이관 - 온라인상 개인정보 보호 관련 규제와 감독 주체 '개인정보보호위원회'로 변경

---

1 대한민국 정책브리핑 정책위키 (https://www.korea.kr/special/policyCurationView.do?newsId=148867915)

| 신용정보법 | – 빅데이터 분석·이용의 법적 근거 명확화와 빅데이터 활용의 안전장치 강화
– 금융 분야 데이터 산업으로 신용정보 관련 산업에 관한 규제체계 선진화
– 새로운 개인정보 자기결정권의 도입 | – 금융 분야 빅데이터 분석·이용의 법적 근거 명확화
– 상거래 기업 및 법인의 개인 신용정보 보호를 위한 개인정보보호위원회의 법집행 기능 강화
– 금융 분야 개인정보보호 강화
– 금융 분야 마이데이터 산업 도입 |

[표 1.1] 데이터 3법 개정안 목적 및 주요 내용 (출처=대한민국 정책위키)

주목할 부분은 신용정보법의 개정 목적 및 주요 내용에 포함되어 있는 '개인정보 자기결정권'과 '마이데이터 산업'의 도입입니다. 이는 GDPR의 주요 개정 범위인 '개인의 정보 이동권'과 같은 맥락이며, 이전에 기업이 소유했던 개인의 정보를 이관할 수 있는 권한을 개인에게 부여함으로써 정보의 이동을 용이하게 합니다.

이는 클라우드 저장소와 비슷한 개념으로 설명될 수 있습니다. USB와 같은 이동저장매체가 없다는 가정 하에 기억을 되짚어봅시다.

이전에는 A 데스크탑에 저장된 정보는 오로지 A 데스크탑에서 접근 가능했으며, 외부에서 B 노트북을 사용하여 A 데스크탑 내에 저장된 정보에 접근할 수 없었습니다. 하지만 클라우드(드라이브) 서비스가 생겨난 이후, 클라우드 저장소에 저장된 정보는 어

느 기기에서든 사용자 인증을 한 뒤에 자유롭게 접근하여 이용할
수 있습니다. 다시 말해, 정보의 소유자가 매체(기업) 중심에서 데
이터 주체 중심으로 이관된 것입니다.

따라서, 이와 같은 입법제도 마련을 통해 데이터 주체의 권한
을 확대하고 주체의 동의 하에 데이터의 이전을 허용함으로써, 데
이터 기반의 경제 시대의 새로운 성장동력 확보를 기대해볼 수 있
습니다.

새로운 정책이 왜, 필요한가?

> "개인정보 주체는 개인정보 처리자에게 제공한 본인에 관련된 개인정보
> 를 체계적이고 통상적으로 사용되며, 기계 판독이 가능한 형식으로 수령할 권
> 리가 있으며, 개인정보를 제공받은 개인정보 처리자로부터 방해받지 않고 다른
> 개인정보 처리자에게 해당 개인정보를 이전할 권리를 갖는다."
>
>   − GDPR 개정안 중 일부[2]

앞에서 언급한 것처럼 데이터 기반의 혁신과 함께 개인정보
보호와 관련된 여러 문제들은 끊임없이 제기되어 왔는데, 시장 경

---

2 한국인터넷진흥원(KISA) GDPR 대응지원 센터 (https://gdpr.kisa.or.kr/gdpr/static/whatIsGdpr.do)

제의 자율적인 확장을 막지 않으면서도 개인의 정보 보호를 위해 세계 각국의 정부들은 새로운 정책을 도입하고 있습니다. 때문에 EU의 GDPR, 국내의 데이터 3법 모두 기본적으로 '데이터 주체의 권한 확대'를 목적으로 합니다.

즉, 새로운 정책의 중심이 되는 주요 개정안은 '정보 주체의 데이터 이동권'을 포함하고 있으며, 이것이 바로 마이데이터 정책의 핵심입니다. 한국데이터산업진흥원 홈페이지[3]는 마이데이터를 다음과 같이 소개하고 있습니다.

"마이데이터란, 정보 주체가 개인데이터에 대한 열람, 제공 범위, 접근 승인 등을 직접 결정함으로써 개인의 정보 활용 권한을 보장, 데이터 주권을 확립하는 패러다임입니다." 즉, 기업이 보유하고 있던 사용자 혹은 고객의 데이터를 데이터 주체의 결정에 따라 다른 기업에서 열람하거나, 접근하거나, 보유할 수 있다는 것을 의미합니다.

전 세계에서 가장 먼저 개인정보보호법을 개정한 이후 지금까지 관련 분야를 선도하고 있는 EU는 기존의 유럽 개인정보보호지침(Directive 95/46/EC)을 대체하기 위해 예비 시행기간을 거쳐, 2018년부터 GDPR을 유럽 전역에서 적용하였습니다.

---

3 한국데이터산업진흥원 (https://www.kdata.or.kr/busi/busi_05_01_01.html)

개정된 GDPR은 통지받을 권리, 접근 권리, 삭제 권리 등 정보 주체의 권한에 대해 명시하고 있으며, 마이데이터와 관련한 데이터 전송 요구권도 포함하고 있습니다.

지금 꼭 필요한 정책인가?

EU는 이와 같은 선제적 조치를 통해 핀테크 시장의 경쟁을 촉진하여 시장이 성장할 수 있을 것이라고 예상했습니다. 국내 또한 마이데이터 정책을 도입하며 시장 성장을 전망했는데, 그 배경은 다음과 같습니다.

먼저, 핀테크 분야를 포함하여 초기 기업이 성장할 수 있는 시장이 형성되지 못하는 이유로 데이터 접근성에 관한 문제를 지적했습니다. 특히 핀테크 분야에서는, 실물 체크카드를 발급할 수 있는 수준의 기업이 되기 위해서 필요한 기본적인 자본금 수준이 일반적인 벤처기업에서 투자 없이 감당하기 힘든 수준입니다. 따라서 핀테크 분야 스타트업들이 성장할 수 있는 환경을 조성하기 위해, 신용정보에 접근할 수 있도록 마련한 제도적 장치가 바로 데이터 3법 개정을 통한 마이데이터 정책입니다.

둘째로, 이미 해외 많은 국가들에서 마이데이터를 시행 중이며 (미국은 Smart Disclusure, 영국은 midata, 핀란드는 mydata라는 이름으로 시행), 해당 정책은 국가 내 기업뿐만 아니라 외국에 본사를 두고 있는 기업에도 마찬가지로 적용됩니다. 즉 자국민들을 보호하기 위한 법이기 때문에, 해당 국가에서 사업을 하는 기업들이라면 모두 해당 사업의 적용 대상이 되는 것입니다. 이렇게 되었을 때, 자칫 국내 기업의 데이터만 해외에 제공해주는 형국이 될 수 있습니다. 아직 이에 대해 국가 규모에서 구체적으로 논의되지 않았지만 이에 대한 압박이 작용했을 것이라는 분석이 있습니다.

마이데이터 정책은 지금 당장 필요하여 급하게 도입되어야 하는 정책이었다기보다 앞으로 변화할 패러다임을 미리 준비하고 사회적 기반을 마련하기 위해 지금 시점에 도입되었다고 보아야 할 것입니다.

새로운 흐름을 맞이하기 위한 국내의 변화

2015년 7월 금융위원회는 '금융권 공동 핀테크 오픈 플랫폼' 정책을 발표하여 금융기관과 핀테크 회사 간 서비스 개발 과정에서의 협력 관계를 구축하였습니다. 이는 금융회사 내부 서비스를 표준화된 형태로 만들어 공개하는 '공동 오픈API'와 핀테크 서비스가 금융전산망에서 정상적으로 작동하는지 시험하는 '테스트베드'의 개념을 합친 것입니다. 은행권과 금융투자업권은 각각 금융결제원, 코스콤을 중심으로 오픈API를 구현하였으며, 잔액·거래내역 조회와 같은 기초적인 기능뿐 아니라 입출금 이체, 주식

주문과 같은 다양한 기능을 포괄하여 마이데이터의 기능을 부분적으로 수행하였습니다. 그러나 데이터 전송 요구권의 부재로 모든 금융기관에 해당 정책을 강제할 수 있는 방법이 없었기 때문에 마이데이터 서비스 구현에 한계가 존재했습니다.

또한 현실적으로 전산망의 수용 능력이 크지 않아 대형 핀테크 회사의 트래픽을 감당할 수 없었으며, API 사용 수수료가 지나치게 높아 핀테크 회사들이 감당하기 어렵다는 문제도 있었습니다.

다음으로 추진된 정책은 2018년 7월 발표된 마이데이터 정책입니다. 금융위원회는 신용정보법 개정을 통해 개인신용정보이동권을 도입하고 읽기 기능에 한정하여 금융기관에 표준화된 오픈 API 구축 의무를 부여하기로 하였습니다.

또한 본인신용정보관리업을 신설하여 인가받은 업자가 신용정보 통합조회서비스와 정보계좌 업무, 데이터 분석 및 컨설팅, 투자자문 및 일임, 금융상품 자문 업무 등을 수행할 수 있도록 하였습니다.

이후 2018년 11월, 신용정보법 개정안이 발의되었습니다. 마이데이터 대상 금융상품의 범위는 아직 확정되지 않았으나 금융위원회(2018.7.19)의 안건에 따르면 은행·상호금융·저축은행·보험사 등의 예금계좌 입출금 내역, 신용카드·직불카드 거래내역, 대출금 계좌정보, 보험계약 정보와 증권사의 투자자예탁금·CMA 등 계좌 입출금 내역 및 금융투자상품(주식·펀드·ELS 등)의 종류별 총액 정보, 전기통신사업자의 통신료 납부내역 등의 신용정보를 포함한다고 합니다.

이에 따라 은행과 신용카드사, 저축은행뿐 아니라 증권사와 보험사에도 API 구축 의무를 부과할 것으로 보입니다.

마지막으로 데이터의 쓰기 기능과 관련하여 금융위원회는 2019년 2월 공동 결제시스템 정책을 발표하였습니다. 이는 기존 '금융권 공동 핀테크 오픈 플랫폼'과는 달리 대형 핀테크 회사의 트래픽을 충분히 감당할 수 있을 정도로 금융결제원의 전산시스템을 증설하고 건당 결제 이용료를 현행 400~500원 대비 1/10 수준으로 낮춘다는 것이 주요 안건입니다.

당장은 은행권과의 합의를 통해 정책을 추진하되, 향후에는 모든 은행이 제3자에게 API를 통해 자금이체 기능을 의무적으로 제공하도록 하는 전자금융거래법 개정안을 추진할 예정이라고 합니다. 또 제3자에 대한 이체처리 순서, 처리 시간, 비용 등에서의 차별행위를 금지하는 내용도 포함됩니다.

금융위원회는 더 나아가 핀테크 사가 직접 금융결제망에 참여하여 자금이체를 할 수 있는 방안을 장기적으로 추진하기로 하였습니다. 만약 실현된다면 핀테크 회사가 은행에 의존하지 않고도 독자적으로 자금이체를 수행할 수 있게 되어 소비자의 핀테크 서비스의 활용도가 크게 제고될 것입니다.

02 마이데이터 정책 소개

마이데이터의 본격적인 시작

먼저 우리가 통칭하는 '마이데이터'는 마이데이터 정책과 이를 기반으로 하는 마이데이터 산업이라는 개념이 종합된 것입니다. 마이데이터 서비스 가이드라인에서는 이를 '신용정보법(신용정보의 이용 및 보호에 관한 법률)'과 '본인신용정보관리업(마이데이터 사업)'으로 구분지어 칭하고 있습니다.

따라서 여기서도 개념의 혼용을 방지하기 위해 법률에 따른 규제 및 원칙과 이를 기반으로 하는 구체적 사업 실행 방안을 구분해서 다루고자 합니다.

마이데이터 정책이 갖는 특징

마이데이터는 '정보 주체가 개인 데이터에 대한 열람, 제공 범위, 접근 승인 등을 직접 결정함으로써 개인의 정보 활용 권한을 보장, 데이터 주권을 확립하는 패러다임'으로 정의됩니다.

이에 마이데이터 산업은 정보 주체 중심의 안전한 개인 데이터 활용 체계 확립을 위하여 개인 데이터 제공 확대, 서비스의 다양화, 인식 제고 등을 체계적으로 지원하는 혁신 성장형 산업으로 소개되고 있습니다.

2018년도에 발간된 마이데이터 가이드라인 초안에 아래와 같이 마이데이터 서비스가 가져야 할 특징 및 원칙(그림 1.1)이 포함되어 있습니다.

마이데이터 특징	
투명성	어떠한 데이터가 어떤 방식으로 수집되고, 어디에 어떠한 목적으로 사용되고, 누가 접근하는지 공개해야함
신뢰성	개인데이터를 지킬 수 있도록 설계된 서비스 및 신뢰할 수 있는 서비스 제공자
통제권	개인이 개인 데이터 공유 대상과 범위를 효과적으로 관리
가치	개인 데이터 활용으로 발생하는 가치를 개인과 공유

마이데이터 원칙	
데이터 권한	개인(데이터 주체)이 개인데이터의 접근, 이용, 활용 등에 대한 통제권 및 결정권을 가져야 함
데이터 제공	개인데이터를 보유한 기관(업)은 개인이 요구할 때, 개인데이터를 안전한 환경에서 쉽게 접근하여 이용할 수 있는 형식으로 제공해주어야 함
데이터 활용	개인의 요청 및 승인(동의)에 의한 데이터의 자유로운 이동과 제3자 접근이 가능하여야 하며, 활용 결과를 개인이 투명하게 알 수 있어야 함

[그림 1.1] 마이데이터의 특징 및 원칙 (출처=마이데이터 서비스안내서, 2020)

마이데이터 정책은 개인이 데이터의 주체로, 데이터의 이전 및 활용에 대한 권리를 갖는다는 것을 주요 항목으로 삼고 있습니다. 따라서 마이데이터 사업에서는 데이터의 통제권 및 결정권, 기업에 대한 데이터 이전/제공권, 데이터 활용 시 정보 적시에 대한 내용이 원칙적으로 지켜져야 합니다. 이와 같은 원칙을 토대로 설계된 마이데이터 사업에서 기존의 데이터 기반 서비스와 차별화되는 지점은 '투명성', '신뢰성', '통제권', '가치'에 있다는 것을 알 수 있습니다.

예를 들면 A, B은행을 사용하는 '내(데이터 주체)'가 C은행 혹은 서비스에 나의 신용 정보를 연동한다고 가정해보도록 하겠습니다. 이때 마이데이터 정책의 원칙에 따라, 정보 제공기업(A, B)과 정보 활용기업(C)은 사용자의 데이터가 언제, 어떻게, 어떤 목적으로 사용되었는지 명확한 정보를 제공해주어야 하며(투명성), 활용되는 데이터의 범위와 활용처를 사용자가 직접 통제할 수 있도록 해야 합니다(통제성).

또한 정보 활용기업(C)은 데이터 활용 시 발생하는 다양한 가치를 데이터 주체가 실감하고 인지할 수 있도록 적절히 서비스를 설계해야 합니다(가치).

마지막으로 민감한 정보를 다루는 사업인 만큼 정보 제공기업

(A, B) 및 활용기업(C)은 적절한 보안 네트워크를 구축하고, 정확한 정보를 제공하여 사용자에게 신뢰감을 주어야 합니다(신뢰성).

이와 같은 네 가지 원칙은 데이터 비즈니스를 하고자 하는 기업이라면 이전부터 지켜왔던 원칙이라고 할 수 있습니다. 하지만 이러한 원칙이 그저 '권장'되었던 이전의 사업과 달리, 마이데이터 사업은 이를 정책으로 구체화하고 법적으로 규제를 가한다는 점에서 이전의 서비스와 차별됩니다. 각 원칙에 대해 마이데이터 사업자가 지켜야 하는 세부 가이드라인은 아래와 같습니다(표 1.2).

특징	설명	세부 가이드라인
투명성	개인이 기관(업)에게 기만당하거나 착취당했다는 오해를 하지 않도록 개인 데이터 수집/활용 정보 공개	1) 개인데이터 열람 및 조회 2) 다운로드 3) 데이터 처리내역 제공
신뢰성	개인 데이터 보호체계 마련 및 개인 데이터 활용과 서비스 제공 과정에서 마이데이터 서비스 제공자를 신뢰할 수 있는 방안 제시	맞춤형 상품추천 시 개인이 이해할 수 있는 방식으로 추천의 근거 제시
통제권	동의를 통한 통제권 행사 및 개인이 원하는 제3자를 선택하여 개인 데이터 공유	1) 선별적 동의 및 쉬운 동의 변경 2) 제3자 공유
가치	개인을 포함한 수익모델 및 개인에게 명확하고 가시적인 보상 제공	1) 개인 데이터 활용을 통해 발생하는 수익 중 일부를 개인에게 환원 2) 개인에게 제공된 혜택을 가시적으로 제시

[표 1.2] 마이데이터 사업의 특성과 세부 지침 (출처=마이데이터 서비스안내서, 2020)

2021년 2월에 배포된 금융 분야 마이데이터 서비스 가이드라인 문서에서는 원칙과 특징들이 간단하고 직관적인 용어로 쉽게 설명되어 있습니다. 특히 데이터 주체의 '명확한 이해'를 전제조건으로 모든 절차를 진행해야 한다는 원칙과 고객에게 정보를 알기 쉽게 제공하여 본인의 개인신용정보를 자유롭게 처리하도록 해야 한다는 동의 원칙이 비중 있게 다뤄졌습니다.

이를 통해 본 정책에서 데이터 주체의 알 권리와 선택의 권한에 대한 중요성이 다시 한 번 강조되었습니다.

마이데이터에 활용 가능한 데이터의 범위는 어디까지일까?

정보 제공 의무가 있는 기업의 범위는 부록에 자세히 수록했습니다. 제공받을 수 있는 데이터의 종류와 범위를 살펴보면 조금 더 잘 이해할 수 있습니다. 현재까지는 다음과 같은 정보를 제공받을 수 있습니다(표 1.3).

즉, 아래에 해당하는 고객 데이터를 수집하고 있다면, '정보제공자' 기업에 해당한다고 볼 수 있습니다.

대분류	세부 데이터 예시
여수신 정보	계좌 기본정보, 잔액 정보, 거래내역, 투자 정보(펀드), 대출 정보
보험 정보	보험 상품, 대출 상품, 보험료 납입 정보, 자동차 보험 정보

카드 정보	보유카드 정보, 월별/일별 카드이용 정보, 결제 예정 정보(할부), 리볼빙 정보, 단기/장기 대출 정보
금융투자(증권) 정보	거래내역, 연금상품 정보
전자결제 정보	자동충전 정보, 선불거래 내역, 결제 내역, 상품 이름
개인형 IRP (퇴직연금)	거래내역, IRP 기본정보
통신업 정보	청구 정보, 납부 정보, 결제 정보
보증보험 정보	보험료 납입 내역, 보험 기본 정보
공공정보	지방세, 국세, 건강보험, 산재보험 관련 증명서

[표 1.3] 마이데이터에 활용 가능한 데이터 범위 (2021년 2월 가이드라인 기준)

이렇게 다양한 분야에서 여러 정보들을 제공하게 됩니다. 이때 전자금융업에 대해서 다소 낯설게 느껴질 수도 있습니다. 전자금융업 등록 업체 대부분은 전자지급결제 대행업체(PG)이며, 쇼핑몰과 카드사의 중간에서 결제와 대금 지급을 대행하는 곳으로 이해하면 쉽습니다. 대표 기업으로는 엘지씨엔에스, 카카오, 카카오페이, 한국스마트카드, 한국정보통신, 이베이코리아 등이 있습니다.

또한 전자 결제 정보에서의 상품 이름이 같은 경우는 너무 디테일한 정보를 제공하게 되면 사생활 침해 가능성이 있기 때문에 12개의 카테고리로 구분하여 카테고리 분류 값만을 제공하게 됩니다.

분류 값은 가전/전자, 도서/문구, 패션/의류, 스포츠, 화장품, 아동/유아, 식품, 생활/가구, 여행/교통, 문화/레저, 음식, e쿠폰/기타 서비스로 나눌 수 있습니다. 따라서 가령 나이키 신발을 구매하면 패션/의류에 분류되고, 책상용 의자를 구매하면 생활/가구 정보만을 확인할 수 있게 됩니다.

마이데이터 정책 시행 타임라인

- 2015년 7월: 금융권 공동 핀테크 오픈 플랫폼 정책 발표
- 2018년 7월: 마이데이터 정책 발표

  신용정보법 개정을 통해 금융기관에 표준화된 오픈API 구축의무를 부여
- 2018년 11월: 신용정보법 개정안 발의
- 2019년 2월: 공동 결제시스템 정책 발표 → 전자금융거래법 개정안 추진

  예정
- 2020년 8월: 데이터 3법 개정안의 시행 → 마이데이터 사업 도입
  - 소비자가 자신의 신용정보나 금융상품을 자유자재로 관리할 수 있는

    '포켓 금융'으로 마이데이터 사업을 정의
  - 신용정보 주체인 고객의 동의 하에 은행, 보험회사, 카드회사 등에 흩어

    져 있는 정보를 모아 고객에게 필요한 맞춤형 서비스를 제공하는 사업
- 2020년 12월 22일: 마이데이터 라이센스 예비허가
  - 4개 은행사: 국민, 농협, 신한, 우리은행

○ 6개 여신전문금융회사: 신한, 국민, 우리, 비씨, 현대카드, 현대캐피탈

○ 8개 핀테크사: 네이버파이낸셜, 레이니스트, 보맵, NHN페이코 등→ 미래에셋대우, 농협중앙회, 웰컴저축은행(예비허가) → 1월 중 본허가 예정

● 2021년 2월 마이데이터 사업의 허가제 전환

○ 본격 시행을 의미(본인신용정보관리업)하며, 마이데이터 가이드라인 발표 예정

○ 2021년 5월 마이데이터 실증 서비스 사업자 선정 및 사업 진행

03 마이데이터 사업 소개

여러 이해관계가 얽혀 있는 마이데이터 세상

마이데이터 사업은 마이데이터 사업자만으로 운영될 수 없습니다. 제조업을 하는 데에 원자재를 납품하는 업체, 생산 설비를 만들어주는 업체 등 다양한 업체들의 도움이 필요한 것처럼, 마이데이터 사업도 마찬가지입니다. 마이데이터 사업을 둘러싸고 다양한 이해관계자들이 있으며, 마이데이터 사업을 굴러가게 하기 위해서 이들이 각각 어떠한 역할들을 하는지 살펴보면서 이해도를 한 단계 레벨업 시켜보겠습니다.

특히 마이데이터 사업자는 누구에게 데이터를 받고, 데이터 보유기업인 정보 제공자는 어떻게 데이터를 전달해야 하는지를 중점적으로 살펴볼 것입니다. 이를 바탕으로 새로운 비즈니스 창출 기회를 구상할 수 있게 되기를 바랍니다.

주요 관계자

먼저 마이데이터는 크게 고객, 마이데이터 사업자, 정보제공자, 중계기관, 이렇게 4가지 구성원이 핵심입니다(그림 1.2). 다음 그림을 통해 마이데이터 생태계를 살펴볼까요? 우선, 고객이 마이데이터 사업자를 통해서 자신의 데이터 열람을 요청합니다. 마이데이터 사업자는 고객을 대신하여 고객의 데이터를 보유하고 있는 정보 제공자로부터 정보를 받아옵니다. 받아온 데이터를 마이데이터 사업자가 고객에게 조회 서비스를 제공하거나, 수집 및 분석하여 2차 서비스를 제공합니다.

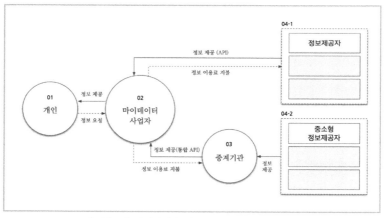

[그림 1.2] 마이데이터 생태계의 주요 이해관계자

마이데이터 사업자와 정보 제공자가 원활하게 데이터를 주고받기 위해서는 데이터 인프라 구축이 필수적입니다. 이때 자신이 정보를 제공해야 할 의무가 있지만, 인프라 구축이 힘든 중소기업이 있을 수 있습니다. 이들을 위해 '중계 기관'이 있습니다. 정부가 지정한 중계 기관은 중소형 정보제공자를 대신하여 마이데이터 사업자들에게 데이터를 송수신해줍니다. 이러한 중소형 정보제공자에 대한 기준은 금융 위원회가 자산 규모, 관리하고 있는 데이터의 수, 시장 점유율, 외부 전산시스템 이용 여부 등의 세부적인 가이드라인을 정하였습니다.

- 1) 고객
  - ○ 처리된 신용정보로 알아볼 수 있는 자로서 그 신용정보의 주체가 되는 자
- 2) 마이데이터 사업자
  - ○ 본인신용정보관리업에 대하여 금융위원회로부터 허가를 받은 자
  - ○ (본인신용정보관리회사)
- 3) 정보제공자(데이터 보유 기업)
  - ○ 정보제공자는 고객의 전송요구가 있을 경우 고객의 지시에 따라 개인 신용정보를 전송할 의무가 있음
- 4) 중계 기관
  - ○ 마이데이터 API 요청에 따라 중소형 정보제공자를 대신하여 고객의 정보를 중계하는 신용정보법 상 기관

○ 중계기관은 아래와 같습니다.

■ 종합신용정보집중기관, 사단법인 금융결제원, 상호저축은행중앙
회, 새마을금고중앙회, 각 협동조합의 중앙회, 중앙기록관리기관,
행정안전부, 코스콤, 한국정보통신진흥협회

이때 마이데이터를 전송하는 방법에 있어 '마이데이터 사업자'
가 '고객'에게 전송하는 한 가지 방법만 있는 것이 아닙니다. 추가
적으로 마이데이터 사업자 외 기관에 전송, 고객에게 직접 전송하
는 방법이 있습니다. 어떠한 경우에 이러한 케이스가 발생하는지
와 정보제공자와 중계기관에 대해서 더 자세히 살펴보도록 하겠
습니다.

마이데이터 사업자 외 기관에 전송

마이데이터 산업이 시작하기 전에도 금융기관에서 고객의 개
인신용정보를 필요로 할 때가 있었습니다. 가령 신용카드 발급이
나 대출을 받기 위해서 신용정보, 카드 연체 여부 등을 확인하는
경우를 들 수 있습니다. 이런 상황들에는 마이데이터 사업자가 아
니더라도 금융기관에게 데이터를 전송할 수 있습니다. 하지만 마
이데이터 사업자가 아니기 때문에 고객의 데이터로 새로운 서비
스를 제공한다거나 데이터를 저장하는 일은 할 수 없습니다.

마이데이터 사업과는 다른 요건으로 전송하는 것이기 때문에, 전송 창구도 다릅니다. 앞서 설명한 중계 기관들 중에서 집중적으로 '마이데이터 사업자 외 기관'에게 전송을 담당하는 기관을 '거점 중계기관'이라 하고 이곳을 통해서 일괄적으로 데이터를 전송해야 합니다(그림 1.3).

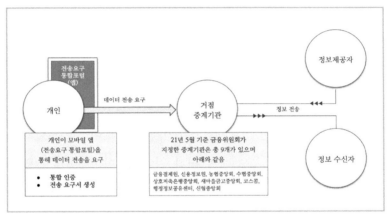

[그림 1.3] 마이데이터 사업자 외 기관에게 데이터를 전송하는 경우

고객에게 직접 전송

고객이 마이데이터 사업자를 통하지 않고 단순 열람을 목적으로 데이터를 볼 수 있습니다. 정부가 구체적인 전송 방법에 대해서는 아직 검토 중이지만 정부에서 운영하는 '마이데이터 종합포털'을 구축하여 확인할 수 있도록 할 예정입니다.

단순히 조회, 열람 목적이라면 '마이데이터 종합포털'에서 확인할 수 있기 때문에 마이데이터 사업자는 이러한 기본 기능 이외에 사용자 친화적인 기능과 서비스를 더 제공해야 할 것으로 보입니다. 추가적으로 고객에게 직접 전송하는 경우도, 마이데이터 사업자 외 기관에게 전송하는 방식과 마찬가지로 (거점) 중계기관을 통해서만 전달이 가능합니다.

(5월 말 추가 가이드라인 발표 예정이며, 자세한 절차는 변경될 수 있습니다 - 21.05.12기준 최신)

정보제공자가 좋은 점은 무엇일까?

지금까지 살펴보면 정보제공자는 아낌없이 데이터를 전달해주고 있습니다. 심지어 '고객에게 직접 전송'과 '마이데이터 사업자 외 기관'에게 전송을 하기 위해 중계 기관의 공동 플랫폼 구축을 위해 분담금을 필요로 할 예정입니다. 정보제공자 입장에서 열심히 데이터를 모았는데, 이 데이터를 아무런 대가 없이 마이데이터 사업자에게 제공하는 걸까요?

지금은 대가가 없지만 미래에는 마이데이터 사업자에게 정보제공에 따른 '수수료'를 받을 예정입니다(표 1.4). 아직은 제도 활성화를 위해 시행 1년 동안(2022년 8월까지)은 수수료 없이 무료로 운영됩니다. 따라서 데이터 제공자 관점에서 단기적으로는 수익을 창출할 수 없지만, 추후 수수료가 산정되면 데이터를 제공하면서 수익을 창출할 수 있습니다. 수수료가 어느 정도로 측정될지는 구체적으로 알려진 게 없지만, 현재 운영 중인 오픈뱅킹[4] 수수료를 통해 예상해볼 수 있습니다.

구분	요금	부과대상 및 방법
잔액조회	10원	최초 등록 및 동기화 시 계좌 이름 및 형태, 잔액정보 조회로 계좌당 2회 부과
내역조회	30원	계좌당 거래내역 조회 시 부과, 거래내역 25건을 조회 단위로 하여 25건의 거래내역마다 수수료 부과
실명조회	50원	최초 계좌 유효성 확인 시 계좌당 1회 부과

[표 1.4] 정보 제공에 따른 수수료 부과대상 및 방법

데이터는 어떻게 주고받을까?

그렇다면 정보제공자와 마이데이터 사업자들은 어떻게 데이터를 주고받는 걸까요? 어떤 새로운 마이데이터 사업자가 나타나도 빠르고 쉽게 데이터를 주고받기 위해 표준화된 전송 규격 및 절차가 필요했고, 이를 위해 API(Application Programming Interface) 방식을 채택했습니다(그림 1.4). API를 설명할 때 가장 많이 사용하는 비유가 '식당 점원'입니다. 점원은 손님에게 메뉴를 주문받

---

4 오픈뱅킹: 은행의 송금·결제망을 표준화시키고 개방해서 하나의 애플리케이션으로 모든 은행의 계좌 조회, 결제, 송금 등을 할 수 있는 금융 서비스

고, 주방에 전달하여 완성된 요리를 손님에게 전달합니다. API도
마찬가지입니다.

 API는 손님(프로그램)이 주문할 수 있게 메뉴(명령 목록)를 정리
하고, 주문(명령)을 받으면 주방(응용프로그램)과 상호작용하여 요청
된 메뉴(명령에 대한 값)를 전달합니다. 마이데이터에서도 똑같습니
다. 고객이 마이데이터 서비스에서 데이터(개인신용정보) 전송을 요
청하면 API로서 정보제공자를 호출하고, 정보제공자는 API로서
데이터를 전달하게 됩니다. API에 대한 보다 자세한 내용은 챕터 4
에서 다루도록 하겠습니다.

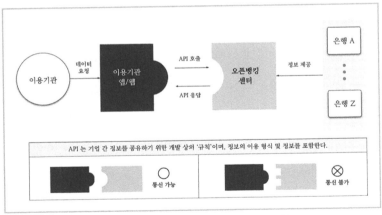

[그림 1.4] API를 이용한 데이터의 송수신 흐름

마이데이터와
시장의 변화

이것이 마이데이터다

시장은 마이데이터 사업으로 인해 어떻게 변화할까?

마이데이터는 금융, 의료, 교통 및 공공, 생활, 부동산 등 여러 분야에서 활용될 수 있습니다(그림 2.1). 마이데이터 정책을 본격적으로 시행하고, 사업자를 선정하기 전에 정부에서는 국민체감형 마이데이터 서비스 모델 발굴 및 실증을 선험적으로 시행하고자 했습니다. 이에 과학기술정보통신부와 한국데이터산업진흥원의 주관 하에 마이데이터 실증서비스 지원 사업을 진행하고 있습니다.

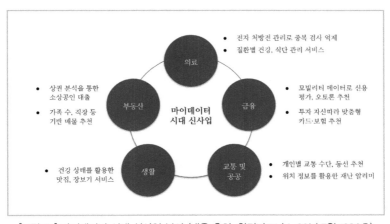

[그림 2.1] 마이데이터 시대 신사업 분야 (내용 출처=한경비즈니스 20년 7월 1286호)

마이데이터 실증서비스 지원 사업 공고문을 통해 사업의 주요 내용을 파악할 수 있습니다.

- 지원 대상: 개인데이터를 보유한 기관(기업)과 이를 활용하고자 하는 데이터 서비스 기관(기업) 간 컨소시엄
- 지원 분야: 금융, 의료, 생활 소비, 교통의 4대 중점 분야 및 기타 분야
- 사업 목표: 분산된 개인 데이터를 정보 주체 중심으로 통합, 관리, 활용 및 제3자에게 제공하여 개인정보 자기결정권 강화 및 맞춤형 서비스 개발

실증 사업자 신청 시, 서비스 제공자는 서비스의 구체적인 내용 및 사용자 측면의 효익과 플랫폼 세부 구현 계획을 제안해야 합니다. 이에 더하여 마이데이터 활용 시 필수적으로 구현해야 하는 기능인 '개인데이터 내려받기', '제3자 제공 방법과 정보주체의 동의 방식 구현 방안'에 대해 반드시 서술해야 합니다. 데이터 주체의 주권 보장을 가장 중요하게 생각한다는 것을 알 수 있습니다.

이렇게 복잡한 절차를 걸쳐 사업을 지원하면, 제출 서류에 대한 적합성 검토를 마친 후 평가위원회 및 과제조정위원회를 거쳐 최종 수행과제가 선정됩니다. 마이데이터 실증 사업자들의 사례를 통해서 마이데이터 사업의 부족한 부분이나 법률적인 부분들을 재정비할 수 있기 때문에 실증 사업 사례들은 중요합니다.

시장은 마이데이터 사업으로 인해 어떻게 변화할까?

이번 챕터에서는 4대 중점 분야 중에서 금융, 의료, 교통 분야

에 대해 2019~2020년도에 진행된 실증 사업 중 대표적 사례를 선정하고, 이를 분석하여 설명하고 있습니다. 선행 사례를 통해 데이터를 제공하는 기업(기관)과 데이터를 사용하여 서비스를 제공하는 기업(기관), 그리고 데이터 주체인 서비스 사용자 입장에서의 효익성과 참고해야 할 사항 및 인사이트를 전달하고자 합니다. 또한 마이데이터 사업과 관련하여 인프라 구축 혹은 보안 분야에서 새롭게 생겨난 사업 유형 사례에 대해 함께 소개합니다.

금융 분야:
생활 속 금융, 더욱 깊숙이
생활 속으로 들어오는 금융

\# 고객님이 선택하신 아파트는 현재 시세 8억 원으로 주택담보대출과 기존에 갖고 있는 금융자산을 제외할 때 4억 원이 부족합니다. 고객님의 월수입 중 70%를 모으면 총 8년 4개월 뒤에 해당 아파트 매수가 가능합니다.(KB국민은행)

\# 고객님의 지출 중 교통비 비중이 가장 높으며 지출액은 22만 5000원입니다. 추천된 통신 요금제로 변경할 경우 연간 42만 원을 절약할 수 있습니다. 정기 구독 서비스 중 넷플릭스 '베이직'은 매월 9500원에 동시 접속은 1명까지 사용이 가능합니다.(신한은행)[5]

위의 '나의 자산분석 기능'은 실제 모바일뱅킹 서비스가 제공하는 마이데이터를 이용한 자산관리 기능입니다. 이처럼 금융은

5 김유신. (2021.02.07). 매일경제. https://www.mk.co.kr/news/economy/view/2021/02/126833/

다양한 데이터의 결합을 통해 우리의 생활 속에 스며들고 있습니다. 모바일뱅킹 서비스에서 자동차 보험 서비스를 제공하거나 부동산 정보, 교통비 관련 정보를 제공하는 것은 더 이상 우리에게 어색한 일이 아닙니다.

더 나아가, 마이데이터 패러다임을 통해 금융 정보가 다양한 생활 속 데이터와 결합하게 되면서, 금융은 더욱 깊숙하게 우리의 생활 속으로 들어왔습니다. 새로운 먹거리를 항상 고민하는 금융사들에게 다양한 데이터와의 결합을 할 수 있게 해주는 마이데이터는 요즘의 가장 핫한 이슈임에 틀림없습니다. 여러분이 생각하는 금융사, 핀테크 업체, 즉 돈과 관련된 IT서비스를 제공하는 곳이라면 대부분이 마이데이터에 관심이 있다고 생각해도 과언이 아닐 정도입니다. 그렇다면 이제부터 금융 분야에서 마이데이터가 얼마나 핫한 이슈이며, 마이데이터 사업의 현황은 어떤지, 앞으로는 어떤 방향성을 가지게 될지에 대해서 더욱 자세히 알아보겠습니다.

1-1. 금융 분야의 마이데이터 언제, 왜 시작되었나?

먼저, 금융 분야에서 마이데이터의 시작을 본격적으로 알아보기 전에 챕터 1에서 다뤘던 '오픈뱅킹'에 대하여 좀더 자세히 살펴보겠습니다. 오픈뱅킹은 마이데이터의 시초라고도 볼 수 있습니다.

이는 쉽게 '하나의 플랫폼에서 여러 곳에 흩어져 있는 계좌정보를 사용자 동의하에 불러와 통합 관리하는 것'입니다.

사례를 들어보면, 한 번쯤 모바일뱅킹 서비스에서 '다른 은행 계좌 불러오기'라는 기능을 본 적이 있을 것입니다. 이 '다른 은행 계좌 불러오기'가 바로 오픈뱅킹으로 탄생한 기능입니다.

오픈뱅킹을 통해서 이전에 할 수 없었던, 타 은행의 계좌 거래명세를 불러와 자신의 모든 자산을 한 번에 관리할 수 있게 된 것입니다. 하나의 플랫폼에서 여러 곳에 흩어져 있는 계좌정보를 사용자 동의하에 불러와 통합 관리하는 오픈뱅킹. 오픈뱅킹이 '마이데이터 서비스'와 굉장히 닮았다는 걸 눈치 챘겠지요? (표 2.1)

그러나 오픈뱅킹이 다른 금융사의 '계좌'만을 통합한다면, 마이데이터 특징 1) 마이데이터는 여러 분야의 데이터를 통합하여 더 다양한 서비스와 가치를 제공한다는 부분에서 차이가 있습니다. 또한, 마이데이터 패러다임에서는 오픈뱅킹에서 없었던 마이데이터 특징 2) 데이터 주권이 사용자에 있어야 한다는 원칙이 생겼습니다. 이 두 가지는 오픈뱅킹과의 차이면서도 마이데이터 산업의 큰 특징입니다. 좀 더 자세히 살펴보겠습니다.

		오픈뱅킹	마이데이터
공통점	데이터 통합	새로운 데이터를 불러온다	
차이점	데이터 통합 대상	다른 금융사의 계좌데이터만	다양한 분야의 데이터
	데이터 주권	사용자 중심	강화된 사용자 중심

[표 2.1] 마이데이터와 오픈뱅킹 사업의 공통점과 차이점

마이데이터의 특징 1. 다양한 분야의 데이터를 통합한다

먼저, 마이데이터의 특징인 "다양한 분야의 데이터를 통합"하게 되면 어떻게 될까요? 만약 금융 서비스가 마이데이터 사업을 시작한다면, 금융 분야에서 교통, 의료, 맛집 등 다양한 분야의 데이터를 활용할 수 있게 될 것입니다. 예를 들면, 서울 동작구에 살고 있는 30대 남성 김한성 씨는 내년 봄에 결혼을 하게 되어 신혼집을 구해야 합니다. 그렇다면 모바일뱅킹 서비스에서 나의 재산 수준, 소득 수준과 함께 부동산, 지도 서비스의 집 데이터를 통합하여 나에게 딱 맞는 집을 추천해주고, 이에 맞는 대출 조건도 알려줄 것입니다. 이처럼 하나의 서비스에서도 다양한 분야의 데이터를 활용할 수 있는 환경이 갖추어지면서, 앞으로 무궁무진한 서비스들이 펼쳐질 것으로 기대하고 있습니다.

마이데이터의 특징 2. 데이터 주권이 중심이다

또한, 마이데이터 패러다임이 시작되면서 사용자의 데이터 주권이 그 무엇보다도 중요해졌습니다. 이에 따라 모든 마이데이터 사업자는 사용자가 본인의 데이터 활용 내역을 확인할 수 있고, 본인의 데이터를 내려받고, 연결 및 해지까지 할 수 있는 기능들을 필수로 제공해주어야 합니다.

이는 앞에서 말했듯, 데이터 주체의 '명확한 이해'를 전제조건으로 모든 절차를 진행해야 한다는 원칙과 고객에게 정보를 알기 쉽게 제공하여 본인의 개인신용정보를 자유롭게 처리하도록 하기 위함입니다. 데이터 주체의 알 권리와 선택의 권한에 대한 중요성이 정책을 통해 다시 한 번 강조된 것이라 할 수 있습니다.

1-2. 금융 분야에 마이데이터로 현재 누가, 무엇을 하고 있는가?

그렇다면 현재에는 금융 마이데이터를 통해 각 기관들은 어떤 서비스를 제공하고 있을까요? 실제 사례들을 통해 더 자세히 마이데이터를 알아보도록 합시다.

[1] NHN - 페이코

Summary

페이코는 미리 결제수단을 등록해 두고 등록한 결제수단을 통해 결제하는 간편결제 서비스입니다. 이제는 '간편금융 플랫폼'으로 성장하고자 송금, 금융정보 조회 등 다양한 금융 서비스를 제공하고 있습니다. 이러한 페이코는 2020년 11월 마이데이터 실증 서비스로 선정되었으며, 마이데이터로 바뀐 금융의 모습을 보여주고 있습니다.

Problem

2030세대는 소비는 많은 반면, 금융 이력이 없기 때문에 신용점수가 낮습니다. 이에 대출에 많은 어려움이 있었습니다.

Solution

2030세대의 경우, 기존의 신용평가 항목인 금융 이력이 없기 때문에 현재의 신용점수가 낮지만 게임, 웹툰, 음원 등 결제 내역을 신용평가 항목으로 추가한다면 어떻게 될까요? 관련된 다양한 서비스를 착실하게 거래해온 많은 2030세대가 현재보다 더 좋은 신용평가를 받게 될 수 있습니다. 이처럼 기존의 신용평가 항목에 포함되지 않는 데이터를 기반으로 이들을 재평가할 수 있게 됩니다. 이와 같이 페이코는 2030세대의 특징을 잘 파악함으로써 2030세대에게 특화된 종합 마이데이터 관리 플랫폼을 지향합니다.

Key Functions

- 모든 금융기관의 이용 내역과 함께 페이코 및 타 간편결제 이용 내역, 충전금 잔액 등 통합 조회
- 정기 결제, 구독 서비스 등 고정 지출의 경우 미리 알림 서비스 제공
- 금융 이력이 부족한 씬파일러를 위한 기능 강화(신용점수 산정 시 페이코 결제 및 NHN 관계사 서비스 이용 정보를 활용 추진, 신용점수 변동 시 해당 사유를 분석하여 공지)
- 라이프 스타일에 맞춰 쉽고 재밌게 나만의 금융 경험을 만들 수 있는 '금융 놀이터'를 구현한 금융 추천 서비스
- 데이터를 기반으로 개인의 관심사나 소비 성향을 반영해 투자, 예적금, 카드, 대출, 보험 상품 등을 추천
- 이용자가 여행, 대출금 상환 등 목표를 설정하고, 기간·적립 방법·금액 등 운영 방식을 고르면 맞춤 상품 추천

Value Proposition

서비스를 기획하고, 제공하는 입장이라면 페이코의 다음과 같

은 사용자 동의 방식을 참고하면 좋을 것 같습니다. 우선, 마이데이터 서비스에서 '동의'는 데이터의 주체가 자신의 데이터 활용에 대한 허락을 표현한다는 점에서 매우 중요한 개념입니다. 이에 페이코는 개인정보 활용 동의 과정에서 정보별로 '왜, 그리고, 얼마나' 해당 정보가 필요한지에 대하여 시각적으로 잘 표현해주어, 데이터의 주권에 대한 신념을 잘 지키고 있다고 볼 수 있습니다.

또한 동의가 필요한 내용을 3가지로 분류하고, 해당 분류 기준에 따라 확실하게 인지한 만큼 다른 색과 표정 아이콘을 제공하여 사용자가 동의 정보의 단계를 직관적으로 이해할 수 있습니다.

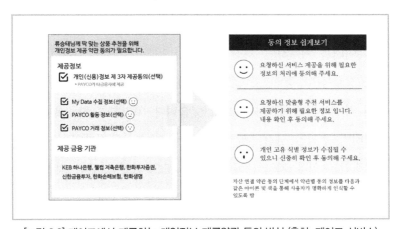

[그림 2.2] 페이코에서 제공하는 개인정보 제공약관 동의 방식 (출처=페이코 서비스)

[2] NH농협은행 - 마이디(my:D)

Summary

또 다른 금융 분야의 마이데이터 사례인 NH농협은행입니다. NH농협은행은 데이터 제공을 통한 혜택을 고객에게 되돌려줄 수 있는 금융 마이데이터 플랫폼 마이디(my:D)를 개발하였습니다. 마이디는 NH농협은행과 에스앤피랩(SNP Lab)과 공동 개발하여 2020년 6월 마이데이터 실증 서비스로 선정되었으며, 2020년 11월 서비스를 출시하였습니다.

Problem

데이터를 거래하는 가장 대표적인 플랫폼인 한국데이터거래소에는 경제/산업, 통신, 소비/상권, 이커머스, 유통 등 다양한 데이터들이 익명화된 형태로 거래되고 있습니다. 익명화를 하였을지라도, 데이터의 주인인 사용자의 동의 없이, 데이터를 판매하여 획득한 직접적인 수익을 기업이 독차지하는 것은 과연 정당한 것일까요? 현재는 우리의 정보를 기업이 사용하더라도, 고객에게 수익의 일부가 돌아오는 구조가 아닙니다. 하지만 우리 정보를 사용한 대가로 우리도 기업에 수익 일부를 요구할 수 있어야 하지 않을까요?

Solution

이에 마이디에서는 고객이 본인의 정보를 제공함으로써 본인의 정보를 분석해볼 수 있으며, 더 나아가 실질적인 혜택을 누릴수 있습니다. 사용자는 여러 플랫폼에 흩어져 있는 자산, 소비 습관에서부터 나의 검색어까지 자신의 모든 데이터를 마이디에서한눈에 확인할 수 있습니다. 데이터 주체는 마이디에 제공한 데이터에 대한 보상을 제공받을 수 있으며, 제공한 데이터의 양에 따른 포인트가 마이디에 생성됩니다. 추가로 마이디에 쌓인 포인트는 앱 내 상점에서 기프티콘(쿠폰)으로 교환할 수 있습니다.

또한 마이디는 데이터 플랫폼으로서의 역할뿐만 아니라, 수집한 데이터를 통해 사용자 맞춤형 서비스를 제공한다는 계획을 밝히기도 했습니다. 예를 들어, 마이디 사용자가 11번가에서 구매한생활 데이터와 은행의 금융 데이터를 제공하면, 이를 활용한 신용평가(CB)나 금융 상품 추천 알고리즘을 개발하여 개인별 맞춤 금융 상품을 추천해줄 수도 있습니다.

이처럼 데이터를 관리하는 동시에 데이터 제공에 대한 보상도받을 수 있고, 기업들은 이렇게 제공받은 고품질의 결합 데이터를실시간으로 이용할 수 있게 되면서 개인과 기업이 서로에게 도움이 되는 시너지를 발휘할 수 있습니다.

Key Functions

-여러 플랫폼에 흩어져 있는 데이터를 한눈에 확인

-마이디 서비스를 통해 자유로운 데이터 연결 및 해지

-정보 제공을 통한 포인트 적립

-포인트를 사용한 각종 커피, 베이커리, 피자, 버거 등의 기프티콘(쿠폰)
 구매

-(예정)데이터를 기반으로 제공되는 맞춤형 서비스

Value Proposition

2021년 5월을 기준으로 마이디에서 연결할 수 있는 데이터는 크게 생활 데이터 분야와 금융 데이터 분야로 나뉘어 있습니다. 새로운 데이터 분류 기준을 통해 데이터를 '생활 데이터[6]'와 '금융 데이터'로 분류하고, 유튜브 검색 데이터 등의 새로운 분야의 데이터를 활용한다는 점은 마이디만의 특징입니다.

마이디를 이용하면 제공한 나의 데이터에 대한 보상이 제공되며, 제공한 데이터 양에 따라 일정량의 포인트가 마이디에 생성되

---

6 생활 데이터는 네이버, 쿠팡, 11번가, 티몬, 옥션, 인터파크, 마켓컬리 등 7개 사와 구글, 유튜브의 '검색어' 데이터, 본인의 자동차와 관련된 '자동차' 등 10개 서비스의 정보를 연결할 수 있습니다. 금융 데이터의 경우에는 국민, 신한, 우리, 농협 등 20개 은행과 삼성카드, 신한카드, KB카드 등 15개 카드사 그리고 키움증권, 삼성증권, 한국투자증권 등 15개 증권사의 데이터를 연결할 수 있습니다. 즉, 우리가 자주 사용하는 서비스의 데이터를 연결할 수 있습니다.

고, 서비스 내 상점에서 기프티콘 등으로 교환할 수 있습니다.

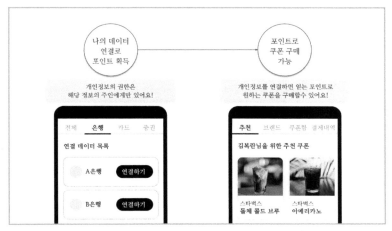

[그림 2.3] 마이디 서비스 소개 (출처=Google Play)

1-3. 금융 분야에서 마이데이터를 활용했을 때 좋은 점?

1) 사용자(데이터 주체)

● 본인의 카드, 계좌, 투자, 건강 등 개인의 금융 거래 이용내역을 한눈에 확인할 수 있음

● 본인의 다양한 금융, 비금융 데이터를 연결하기, 내려받기, 데이터 활용 내역 확인하기 등을 통해 본인의 데이터를 효과적으로 관리할 수 있음

● 타인의 데이터를 기반으로 한 더욱 정확하게 선택할 수 있는 금융 상품 플

랫폼이 구축된다면, 더욱 고도화된 맞춤형 자산관리 등의 금융 서비스를 제공받을 수 있음

● 본인의 데이터를 제공함으로써 경제적인 혜택을 볼 수 있음

2) 정보 제공자(데이터 보유기업)

● 정보를 제공하는 동시에 타 서비스에서의 데이터 활용 방식을 참고하여 마이데이터 사업자로서의 가능성을 확인할 수 있음

● 기존의 데이터와 함께 개인의 다양한 금융, 비금융 데이터를 결합하여 분석하면, 현재는 발견하지 못했던 소비자의 금융 문제점을 발견하고 해소할 수 있음

● 추후 데이터를 제공함으로써 수수료를 기반으로 경제적 이익을 얻을 수 있음

3) 정보 활용자(데이터 활용기업)

● 필요한 곳에 금융 데이터를 제공하여 경제적 이익을 볼 수 있음

● 고객에게 관련 데이터를 활용하여 금융 분야에서 실질적인 도움과 보상 제공 가능

● 기존 데이터들의 새로운 결합을 통해 탄생한 정보까지 빅데이터로 활용할 수 있음

1-4. 금융 분야에서 마이데이터로 미래에는 누가, 무엇을 할 수 있을까?

그렇다면, 만약 금융에 마이데이터가 도입된다면 우리는 어떤 금융 서비스를 만나게 될까요?

- 개인의 금융 거래 데이터 관리 서비스
- 개인에게 최적화된 금융 상품을 추천해주는 서비스
- 스스로 맞춤형 금융 상품을 만들어서 금전적 혜택을 누릴 수 있게 해주는 서비스
- 각종 분야의 다양한 데이터와 금융 데이터를 결합한 새로운 신용등급 부여 및 관리 서비스

의료 분야:
사용자의 의사결정을 돕는
의료 시스템

2-1. 의료 분야의 마이데이터 언제, 왜 시작되었는가?

우리가 의료 분야에서 마이데이터를 논하려면, 그 전에 개인이 어떤 의료 데이터들을 쌓아왔는지 먼저 살펴보아야 합니다. 즉, 우리는 이전부터 의료 분야에서 활용되어 온 '의료 데이터'에 대해 이해할 필요가 있습니다. 한 명의 개인이 쌓을 수 있는 의료 데이터는 아주 다양합니다. 대학병원이나 의원, 보건소 등에서 검진을 받고 처방을 받아 쌓이는 진료 정보들이 있고, 당뇨 환자들이 직접 채혈을 통해 얻는 혈당 데이터, 간이 혈압계를 통해 측정된 혈압 데이터 등이 있습니다.

이전에 이러한 데이터들은 진료 기관이 직접 보관하거나 개인이 수기로 기록해왔습니다. 컴퓨터 시스템의 발전으로 병원에서 전산의무기록시스템(EMR, Electronic Medical Record)이 도입되거나 웨어러블 디바이스를 통해 개인이 본인의 심박수 혹은 심전도 등을 관리할 수 있게 되었지만, 이 역시 데이터가 진료기관 및 서비스 제공 기업에 종속되어 있는 구조였습니다.

해외에서는 웨어러블 디바이스 중 하나인 '핏빗(Fitbit)'이 의료 보조 기구로 사용되면서 병원에서 진료할 때 핏빗의 기록을 참고하였지만, 국내에서 그러한 형태의 협업은 본격화되지 못했습니다.

국내 공공기관과 민간 의료 시설은 방대한 개인 의료 데이터를 보유하고 있습니다. 한 개인의 건강을 정확하게 진단하고 예측하기 위해서는 긴 시간 동안, 그리고 높은 빈도로 측정된 의료 건강 데이터가 필요합니다. 또한 공익적인 연구 측면에서 수많은 의료 데이터에 접근 가능할 때 데이터의 잠재 가치는 매우 커집니다.

이러한 관점에서 데이터에 제한적으로 접근 가능한 현재의 산업 구조는 의료 시장의 성장에 도움이 되지 못하고 있습니다.

따라서 정부는 개인건강기록(PHR, Personal Health Record) 사업을 진행하고 있습니다. PHR이란, 개인이 주도적으로 본인의 의료 데이터를 통합하고 관리하며, 자신이 원하는 대상에 한하여 제공하거나 활용할 수 있는 기술 및 서비스를 통칭합니다 (한국보건의료정보원 홈페이지). 이때, 마이 헬스웨이(My healthway)는 개인이 본인의 의료 데이터를 통합하여 다양한 서비스에 연결하고 활용할 수 있도록 돕는 게이트웨이(네트워크 허브) 역할을 하는 플랫폼입니다(그림 2.4). 마이 헬스웨이 플랫폼을 통해 개인은 1차 병원, 2차 병원, 3차 병원의 EMR 정보와 함께 약국 및 공공 PHR 정보를 연동할 수 있으며, 이외에도 웨어러블 기기를 통한 개인건강정보를 연동할 수 있습니다. 현재 마이 헬스웨이 플랫폼을 활용한 나의건강기록 앱 서비스가 제공되고 있는데, 건강복지공단, 심사평가원 등의 기관 데이터에 접근하는 것을 동의한 후 사용할 수 있습니다. 이렇게 연동한 정보는 개인의 진료 내역을 통합하여 양질의 진료 서비스를 받을 수 있도록 하며, 운동/식이 관리를 돕거나 혈압/혈당을 실시간으로 관리하고, 나뿐만 아니라 가족의 건강까지 함께 확인하고 관리할 수 있습니다. 간편한 가입과 직관적으로 해석 가능한 데이터 대시보드를 통해 데이터 주체는 본인의 의료 데이터를 한눈에 파악할 수 있습니다.

[그림 2.4] 마이 헬스웨이 도식화 (출처=보건복지부 웹사이트)

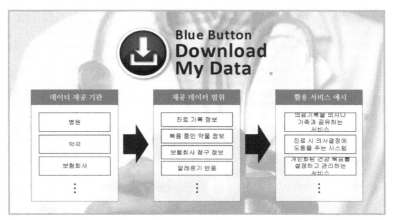

[그림 2.5] 블루버튼이 제공하는 데이터와 이를 활용한 서비스 예시

해외에서는 이미 '블루버튼(Blue button)'이라는, 이와 비슷한 사업이 시행되고 있습니다(그림 2.5). 미국에서 2010년부터 시작된 블루버튼은 데이터 주체가 사용할 수 있는 형태(format)로 자신의 의료 정보에 쉽게 접속할 수 있도록 합니다. 이는 개별 의료기관이 수집/통제하는 '전자의무기록(EMR)'이나 복수기관에 걸쳐 활용되는 '전자건강기록(EHR)' 범주를 넘어 환자가 직접 관리하는 범용 '개인건강기록(PHR)'을 활성화하려는 사업의 일환으로 시작되었습니다. 본인의 의료 데이터를 사용하기 위해서, 사용자는 그저 블루버튼 로고를 찾기만 하면 됩니다. 블루버튼 로고를 찾아서 클릭하면, 데이터 주체는 본인의 의료 데이터를 담고 있는 단일의 전자 파일을 다운로드하여 사용할 수 있습니다. 단일의 전자파일은 병원, 약국

및 보험회사 등 다양한 데이터 보유 기관(업)에 저장된 진료 정보, 보험회사 청구 정보(재무/임상 정보 등), 알레르기 반응, 현재 복용 중인 약물 등의 정보들을 포함하고 있습니다. 사용자들은 이를 직접 활용하여 의료 기록을 의사나 가족, 혹은 간병인과 공유하거나 자녀가 마지막 예방접종을 언제 받았는지 확인할 수 있습니다. 또한 의사는 투약 목록 정보가 정확하고 완전한지 확인할 수 있으며, 응급상황이나 여행 중, 혹은 2차 의견(second opinion)을 구할 때, 보험회사를 바꿀 때 의료 기록을 이용할 수도 있습니다. 마지막으로 사용자는 개인화된 건강 목표(personalized health goal)를 설정하고 달성하는 데 도움이 되는 앱과 도구에 의료 정보를 연결하여 고도화된 기능을 제공받을 수 있습니다.

오픈뱅킹의 도입으로 마이데이터 사업이 선제적으로 시행된 금융 분야와 달리, 의료 분야는 아직 마이데이터 사업이 본격적으로 시행되기 전입니다. 그러나 2021년도 2월부터 시행되고 있는 마이 헬스웨이 플랫폼 구축과 나의 건강관리(PHR) 모바일 앱 서비스 개발에 미루어보아, 의료 분야에서도 곧 마이데이터 사업을 접할 수 있게 될 것입니다.

의료 분야를 선점할 마이데이터 사업 유형을 살펴보기 위해, 2019년과 2020년도 마이데이터 실증 사업자 사례들을 살펴보도록 하겠습니다.

2-2. 의료 분야에서 마이데이터로 현재 누가, 무엇을 하고 있는가?

의료 분야는 실질적인 마이데이터 사업자 선정이 아직 진행되지 않았습니다. 하지만 실증 사업자 선정 시 전체 8개 기업 중 의료 분야의 컨소시엄이 2~3개를 차지했을 정도로 금융 분야에 이어 마이데이터 사업이 활발하게 진행될 수 있는 분야로 여겨집니다. 현재 의료 마이데이터를 활용하여 제공하고 있는 서비스는 크게 2가지 유형으로 분류됩니다.

하나는 의료적 측면에서 더 정확한 판단을 내릴 수 있도록 돕는 형태이며, 다른 하나는 웰니스(Wellness)라는 넓은 범위에서 사용자에게 제공하는 추천 및 케어 서비스입니다. 첫 번째 유형의 경우, 데이터 활용 기업은 사용자의 처방전 및 진료 기록을 취합하여 사용자에게 직관적인 방식으로 시각화하여 보여줍니다. 의료진은 전자처방전 데이터를 활용하여 중복 검사를 방지하거나, 처방전에 사용자가 투약 중인 약물의 정보를 확인하거나, 만성질환 등을 사전에 확인할 수 있습니다. 개인도 본인의 의료 데이터를 자유롭게 열람하고, 더 나아가 가족의 의료 데이터를 같이 공유하여 건강을 관리할 수 있게 됩니다.

두 번째 유형은 의료 분야뿐만 아니라 더 많은 기업들이 주체가 될 수 있는 사업 유형입니다. 사용자의 의료 데이터를 활용하

여 다수의 기업은 식단 관리, 운동 습관, 관련 보험 등을 추천해
줄 수 있으며, 데이터 주체는 이를 적극적으로 활용하여 맞춤형
케어 서비스를 이용할 수도 있습니다.

2019~2020 실증 사업자 대표 사례를 통해, 이와 같은 유형의
비즈니스 구조가 어떻게 녹아 있으며, 각 이해관계자가 실질적으
로 어떠한 효익을 누릴 수 있는지 살펴보도록 하겠습니다.

[1] 서울대학교 컨소시엄

Summary

서울대학교 컨소시엄은 서울대학교가 주관기업으로 참여하여
메디블록, 차의과대학교 산합협력단, 웰트[7], 삼성화재+가 참여한
컨소시엄으로, 블록체인을 기반으로 개인의 의료 데이터(진료 내역
및 생활 건강 데이터)를 한 곳에 모아 확인하고 관리할 수 있는 건강
증진 코칭 시스템을 구축하였습니다.

---

7 웰트: 웨어러블 기기인 IoT 벨트를 활용한 헬스케어 서비스를 제공하는 기업

Problem

이전에는 개인의 흩어진 의료 데이터에 접근하여 이를 한 곳에 모아 확인하는 것이 쉽지 않았습니다. 개인은 본인의 진료 내역을 확인하기 위해 내원하여 복잡한 과정을 거쳐야 했으며, 지속적으로 방문한 병원이 아니라면 의료진이 환자의 건강 상태를 전 생애에 걸쳐 통합적으로 확인하고 환자의 상태를 판단하기 어려웠습니다.

Solution

이와 같은 문제를 해결하기 위해 서울대학교 컨소시엄은 데이터 기술 및 블록체인을 활용한 시스템을 구축하여, 환자들이 능동적으로 진료 내역을 포함한 건강 기록을 확인하고 공유 및 운영할 수 있는 솔루션을 제안했습니다. 병원의 의료 기록뿐만 아니라, 웨어러블 기기를 통해 발생한 폭넓은 건강 데이터까지 활용하여, 데이터의 확장성을 특징으로하는 마이데이터 사업의 가능성과 방향을 의료분야에서 명확하게 제안하고 있습니다.

Key Functions

- 환자 데이터를 스마트폰에 저장하여 진료 및 건강검진 내역 확인
- 임상 시험 참여 가능 여부 자동 확인 및 후향적 연구 참여 역동적 동의체계 마련

- 사용자 맞춤형 정밀 건강 진단 및 건강증진 코칭
- 실손의료비 보험금 신청 과정 간편화

Value Proposition

데이터 주체의 측면에서, 의료 정보를 개인이 직접 관리하여 개인의 데이터 권리와 결정권을 행사할 수 있다는 장점이 있습니다. 병원의 입장에서 대상 방문자의 진료 기록에 접근이 가능하게 되면서 더욱더 많은 의료 데이터를 주요 임상 결과로 활용할 수 있게 되었습니다.

또한 개인의 의료 데이터를 한 곳에 모아서 관리한다는 측면에서 사용자들은 보안에 대해 높은 의구심과 두려움을 가질 수밖에 없는데, 메디블록은 이를 해결하기 위해 블록체인 기술을 기반으로 데이터를 저장하고 관리할 수 있는 안전한 보안 시스템을 구축하여 사용자의 신뢰를 향상시킬 수 있습니다. 더불어 웰트와 같은 헬스케어 서비스 제공 기업과 협업하여, 사용자의 일상 건강 데이터까지 폭 넓게 사용자 건강 코칭 알고리즘에 활용했다는 점에서 효용성을 가집니다.

마지막으로 데이터 통합을 통해 환자 중심의 맞춤형 정밀 의료가 가능해질 것으로 보이며, 이를 통해 궁극적으로 헬스케어 분야의 가치 사슬의 변화를 기대할 수 있습니다.

2-3. 의료 분야에서 마이데이터 활용했을 때 좋은 점?

1) 사용자(데이터 주체)

● 저렴한 비용으로 맞춤형 주치의 서비스를 제공받을 수 있습니다.

● 만성질환자 및 노약자의 경우 체계적 건강관리 및 질병 예방이 가능합니다.

● 진료 및 치료 시 겪는 불편한 과정을 간소화하여 데이터 주체의 편의성을 개선할 수 있습니다.

2) 정보 제공자(데이터 보유기업)

2-1) 병원

● 의료 결과를 향상시킬 수 있는 새로운 인사이트를 발견할 수 있습니다.

● 약국은 가입자가 약물 순응도(medication adherence)로 인해 시간 경과에 따라 더 건강해지는지의 여부를 결정할 수 있습니다.

● 의사는 치료를 알리기 위해 다른 환자 케어에 대한 정보에 접속할 수 있습니다.

● 한 장소에서 환자의 의료 정보에 접속하거나 모니터링을 할 수 있습니다.

2-2) 제약사 및 연구소

● 임상 데이터를 제공받아 효율적으로 신약을 개발할 수 있습니다.

● 연구기관은 임상시험 등록 중 환자의 약물 목록을 미리 채울 수 있습니다.

3) 정보 활용자(데이터 활용기업)

의료 분야의 기업이 아니더라도 개인의 의료 데이터에 접근하여, 관련 사업을 추진할 수 있습니다.

3-4. 의료 분야에서 마이데이터로 미래에는 누가, 무엇을 할 수 있을까?

의료 분야에서 활용 가능한 데이터는 다양합니다. 사례에서 확인할 수 있는 실증 사업자들은 현재 주로 공공기관 및 1, 2차 병원 등에서 보유하고 있는 의료 데이터를 기반으로 서비스를 제공합니다. 하지만 여러 참여 기관을 통해 전반적인 생활 건강 데이터를 함께 수집하여 더 넓은 범위의 서비스를 제공한다면, 사용자 측면에서 더 많은 효익을 체감할 수 있게 됩니다. 현재까지의 흐름을 토대로 의료 분야에서 마이데이터를 활용한 새로운 비즈니스 가능성을 아래와 같이 정리해보았습니다.

● **관리 서비스를 제공하여 식단, 운동, 복용 등의 구독 서비스 연결**

건강관리 서비스는 현재 기준으로 단연 가장 많이 시도되고 보여지는 서비스 방향 중 하나로, 전문적 영역의 의료 데이터를 일반적인 생활건강 데이터와 연계하여 사용자가 건강한 의사결정을 내릴 수 있도록 도와주는 것을 목표로 합니다. 일반적인 비즈니스 영역일수록, 더 높은 차별점을 사용자에게 제공해야 합니다. 일반 생활건강 데이터의 수집과 의료 데이터 해석을 통한 의사결정 과정을 사용자에게 심리스(seamless)하게 제공하여야 할 것이며, 보험사 및 보험 상품과 연계를 하거나 가족 구성원의 건강을 지속적으로 확인할 수 있도록 하는 등의 서비스 연계가 가능합니다.

● IoT기기 연동을 통한 플랫폼 확장

위에서 언급한 생활건강 데이터 수집은 웨어러블 기기 혹은 운동 기구 등을 통해 자연스럽게 이뤄질 수 있습니다. 또한 운동 데이터 저장 기능이 탑재된 트레이닝 기구가 있는 헬스장(Gym)도 점차 증가하는 추세입니다. 사용자는 이를 통해 운동 내역을 확인하고 보다 정확한 데이터를 통해 건강을 관리할 수 있습니다. 이처럼 하드웨어의 센서를 이용하여 데이터를 수집하고, 소프트웨어를 이용하여 내역을 확인하고 관리할 수 있는 자연스러운 연계가 필요합니다. 또한 소프트웨어는 다시 스마트 스피커(AI Speaker) 혹은 소셜 로봇(Social Robot) 등의 하드웨어 기기와 연계하여 사용자의 습관 형성에 적극적으로 개입할 수 있습니다. 예를 들면 아래와 같은 알약 디스펜서는 병력, 일상생활 등 개인별 건강 데이터를 분석하여 4mm 알약형 정제로 최적화된 영양소를 제공합니다 (그림 2.6).

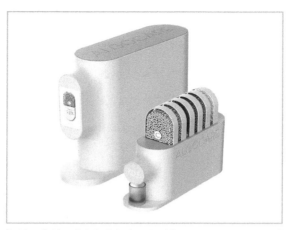

[그림 2.6] 알고케어의 알약 디스펜서 (출처=알고케어, CES 2021)

● **디지털 처방, 복약지도 시 디지털 신약과 연계**

디지털 신약(Digital Therapeutics, DTx)은 간단하게 말해서 소프트웨어 형태의 '약'을 의미합니다. 디지털 신약으로 인정받기 위해서는 근거를 기반으로 하여 그 효과가 입증되어야 하며, 현재 아킬리(Akili)의 EVO, reSET 등의 몇 가지 디지털 신약이 FDA의 승인을 받아 상용화되고 있습니다. DTx가 본격화된다면, 소프트웨어를 통해 의료 데이터를 쌓을 수 있고, 이로 인해 의료 분야의 마이데이터 활용 사업이 크게 확장될 수 있을 것으로 예상됩니다.

● **블록체인을 활용한 새로운 비즈니스 기회 및 영역 확대**

특히 의료 데이터는 엄격한 보안 시스템 하에서 다뤄져야 하는 개인정보입니다. 때문에 데이터의 보관 및 관리를 위해 데이터 저장소에 블록체인을 활용하는 기업들이 있으며, 이러한 기업들은 자체 토큰을 발행하여 사용자에게 제공하기도 합니다(예: 메디블록의 MEDX 등). 소프트웨어정책연구소[8]에 따르면, 블록체인을 활용한 서비스 구현 방안은 다음과 같이 설명될 수 있습니다. MVP 형태의 기업은 임계점(Tipping point)을 넘어 1)네트워크 비용을 줄이는 토큰 보상 체계를 향할 수 있고, 2)비즈니스 프로세스를 재설계하여 새로운 수익구조를 수립할 수도 있으며, 이 모든 것을 더하여 3)블록체인 기반의 디지털 전환을 실행할 수 있습니다. 따라서 비즈니스의 형태에 따라 어떤 영역으로 향할지에 대한 고민이 필요합니다.

[그림 2.7] 블록체인으로 변화하는 미래

8 소프트웨어정책연구소, 토큰 경제와 블록체인의 미래, 2018년 11월, 이슈리포트 제 2018-005호.

의료 기록 데이터 표준화 및 사용자 의사결정 지원데이터 3법 개정으로 의료데이터 활용의 다양한 수요처가 발생하고 있지만, 의료기관 EMR 간 다른 데이터 구조로 인해 각 데이터의 활용 가능성이 낮은 상황입니다. 이에 정부에서는 EMR 표준화 사업을 추진하고 있습니다. 또한 많은 기업에서 전문적인 의료 데이터를 활용하여 사용자가 스스로 적절한 의사 결정을 내릴 수 있도록 쉽고 직관적으로 정보를 가공하여 제공하기 위한 서비스를 설계하고 있습니다.

교통 분야:
데이터로 변화되는
우리의 일상생활

이제 금융과 의료 외에 또 다른 우리의 일상, 교통 분야에서 대표적인 실증사업 사례를 살펴보겠습니다.

3-1. 교통 분야

3-1-1. 교통 분야의 마이데이터 언제, 왜 시작되었는가?

먼저, 교통 분야에서 마이데이터의 시작에 대해 알아보겠습니다.

교통 분야에서 마이데이터의 시작은 실증사업자로 어떤 주제를 가진 서비스가 선정되었는지를 보면 알 수 있을 듯합니다. 교통 분야에서는 마이데이터를 MaaS에 도입한 서비스인 Micro-MaaS Mydata를 활용한 도시문제 해결 데이터 에코시스템을 구축하는 데이터얼라이언스의 서비스가 실증사업자로 선정되면서 시작되었습니다.

그렇다면 MaaS는 무슨 뜻일까요? 혹시 뉴스나 방송에서 MaaS라는 개념을 들어본 적이 있나요? MaaS는 Mobility as a service의 약자로, '이동'에 사용되는 모든 교통수단을 통합해 예약, 결제, 관리 등의 서비스를 제공하는 것을 말합니다. 즉, MaaS는 하나의 플랫폼에서 다양한 이동 수단을 통합해서 사용할 수 있는 '서비스'라는 것입니다. 대표적인 서비스 사례로는 공유 자전거 서비스, 공유 전동킥보드 서비스 등이 있습니다.

조금 더 이해하기 쉽게, 예를 들어 설명해보겠습니다. 만약 복정역에 살고 있는 김철수 씨가 판교역에 있는 회사로 출근합니다. 철수 씨는 복정역까지 전동킥보드를 이용합니다. 그리고 복정역에서 지하철을 타고, 판교역에서 내려서 공유 바이크를 타고 회사까지 갑니다. 이렇게 김철수 씨는 MaaS 플랫폼 서비스를 적극적으로 활용하고 있다고 볼 수 있습니다.

만약, 마이데이터를 MaaS에 도입하게 된다면 개인의 다양한 데이터를 활용하여, 여러 가지 교통수단을 연계해 최적의 교통수단 조합을 추천해주거나, 이동경로 추천 및 비용 정보 등을 제공할 수 있습니다. 나의 소비내역과 교통수단 이용내역을 분석하여 지하철 정기권 등을 추천받거나 대중교통의 사각지대를 발견하고 해소하는 데에 이용될 수도 있습니다. 이처럼 하나의 서비스 내에서 더욱 다양한 교통수단과 데이터를 연계하여 더욱 효율적이고 최적화된 서비스를 제공받을 수 있게 될 것입니다.

뿐만 아니라, 버스-지하철 환승처럼 마이데이터 플랫폼을 통해 다양한 공유 모빌리티 사용자에게는 추가 환승할인 등의 금전적 혜택을 제공해줄 수도 있을 것입니다.

이렇게 교통 분야에서 마이데이터는 다양한 대중교통 서비스를 결합하여 사용하는 MaaS[9]라는 개념이 도입되면서 시작되었으며, 마이데이터 사업과 결합되면서 많은 효용성이 기대되는 라이프 분야입니다.

3-1-2. 교통 분야에서 마이데이터로 현재 누가, 무엇을 하고 있는가?
[1] 데이터얼라이언스 컨소시엄 – 스마트시티패스

Summary

만약 내가 제공한 교통 데이터가 금전적인 혜택으로 돌아온다면 어떨까요? 내가 찍은 하차태그가 승객의 통행패턴을 분석하고, 효율적인 대중교통 정책에 이용되고 있다는 사실을 알고 있나요? 현재 지자체에서는 하차태그 의무제를 통해 승객의 통행패턴 등 객관적인 자료와 빅데이터 분석을 진행하고, 이를 효율적인 노선

---

9 MaaS란? 여러 가지 교통수단을 연계해 최적의 이동경로 추천 및 비용 정보 등을 제공하는 통합 이동 서비스

조정 등의 대중교통 정책에 활용하고 있습니다. 그리고 교통 분야에서 마이데이터 실증사업자로서 '스마트시티패스'라는 서비스도 이처럼 다양한 방식으로 우리의 교통 데이터를 활용하고, 개인에게 이에 대한 보장을 해주고 있습니다.

Problem

금융 분야의 마이디 서비스 사례와 같이, 지금까지는 교통 관련 데이터를 제공함으로써 고객이 직접적인 수익을 얻을 수 없었습니다. 데이터 생산 주체이자 제공 주체인 시민이, 제공한 데이터를 통해 발생한 부가가치를 되돌려받지 못하고 있었던 것입니다. 이에 더하여 만약 하차태그를 하지 않으면(시민이 데이터를 제공하지 않으면), 다음 승차 시에 더 비싼 요금을 내는 패널티가 있었습니다.

Solution

이번 부천시의 마이데이터 서비스 '스마트시티패스'에서는 '인센티브'로 데이터 제공 참여를 유도한다고 합니다. 부천시가 마이데이터 실증 시범 서비스(그림 2.8, 그림 2.9)를 제공함으로써, 부천 시민은 씨티패스(CityPass) 앱을 통해 참여하여 공공자전거에서 대중교통(버스나 지하철) 환승 정보제공 동의 시 1만 마일리지로 보상을 받게 됩니다. 데이터를 제공한 만큼 혜택을 돌려받는 것입니다.

이번 부천시의 마이데이터 실증 시범 서비스를 계기로 시민의 데이터 주권을 찾게 되었습니다. 이처럼 부천시는 수집한 위치/교통 정보를 분석하여 교통 편의를 제공하기 위한 더욱 탄탄한 인프라를 가지게 되었습니다.

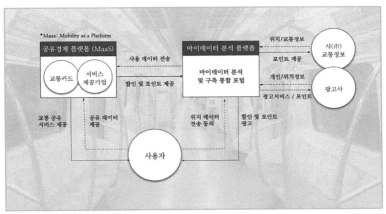

[그림 2.8] 공유경제 플랫폼과 마이데이터 분석 플랫폼을 포함한 생태계 구조

[그림 2.9] 스마트 시티패스 서비스 화면(출처=Google Play)

Key functions

−내 위치에서 이용 가능한 모빌리티 서비스(공유 차, 공유 자전거, 공유 킥보드 등)와 대중교통 실시간 정보 확인 가능

−차량 운전 시 주차장까지 안내 가능

−마일리지 적립과 마이데이터 관리 가능

Value Proposition

−블록체인 기반의 아이디 하나로 다양한 모빌리티 서비스 이용 가능

−공유 모빌리티와 대중교통의 결합으로 하나의 서비스에서 해결 가능(고객)

−정보제공을 유도하기 위하여 환승 정보제공 동의 시 1만 마일리지로 보상 제공(고객)

−더욱 양과 질이 높은 데이터 확보를 통해 교통 사각지대, 라스트 마일을 제거하고 더욱 탄탄한 교통 인프라 제공 가능(고객, 마이데이터 사업자)

[2] 대전시 − KISTI 교통약자 이동지원 서비스

Summary

이번에는 대전시가 한국과학기술정보연구원(KISTI)과 함께 과학기술정보통신부가 공모한 교통 분야 '마이데이터 실증서비스' 사업자 사례를 소개합니다. 대전시와 KISTI는 개인이 제공하는

다양한 데이터를 도시데이터, 공공데이터와 연결해 '마이데이터 기반 교통약자 이동지원 서비스사업' 서비스를 2020년 8월부터 장애인과 임산부 등 교통약자들이 장애인 콜택시나 일반 택시를 편리하게 이용할 수 있는 서비스를 개발하였습니다. 서비스 개발은 2020년 11월 완료하였으며, 12월에 실증 체험단을 모집 후, 2021년 1월부터 본격적으로 웹서비스가 시행되었습니다. 해당 서비스를 통해 교통약자들의 택시 탑승 대기 시간을 단축시킬 수 있으며, 이용자들의 상황에 맞는 맞춤형 서비스를 기대하고 있습니다.

Problem

지금까지는 교통약자가 이동을 원하면 '교통약자 이동 지원센터'에 전화를 걸어 차량을 배정받는 방식으로 서비스가 운영되었습니다. 하루 평균 1500여 명이라는 많은 숫자가 이용하고 있지만, 이용자에 대한 구체적인 정보나 이동경로 분석 등을 할 수 없어 교통 약자들에게 개인별 맞춤형 서비스를 제공하는 데 한계가 있었습니다.

Solution

이에 대전시와 KISTI, 과학기술정보통신부가 함께 교통약자 스마트 이동지원 서비스 및 스마트 모빌리티 서비스를 제공할 예정이라고 합니다(그림 2.10).

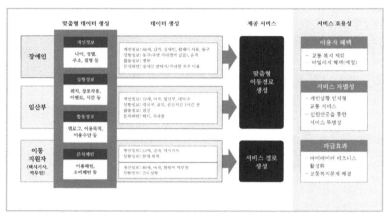

[그림 2.10] 마이데이터 기반 교통약자 이동지원 서비스 사업 개요 (출처=대전시)

Key Functions

-교통약자(장애인, 임산부 등) 이동지원 제공

-개인 상황 인지형 교통서비스(개인정보, 상황정보, 활동정보, 분석패턴
을 기반으로 맞춤형 이동경로 조회)

-모바일 신원인증을 통한 서비스 투명성 내 위치에서 이용 가능한 모빌
리티 서비스(공유 차, 공유 자전거, 공유 킥보드 등)와 대중교통 실시간
정보 확인 가능

Value Proposition

해당 사업은 마이데이터 기반 장애인 이동지원 서비스로, 이동지원 서비스 예약부터 승차 시 모바일 신원인증 및 하차 시 결제까지의 과정을 자동화하고 편의성을 높임으로써 장애인의 이동권을 향상시킬 수 있습니다. 또한, 개인이 제공한 정보를 도시 데이터나 공공데이터와 연결해 정보 제공자에게 맞춤형 서비스를 제공함으로써, 그동안 공급자 위주에서 수요자 중심의 교통 서비스로 바꾸었습니다.

3-1-3. 교통 분야에 마이데이터 활용했을 때 좋은 점?

1) 사용자(데이터 주체)

- 더욱 고도화된 맞춤형 경로 및 교통수단 서비스를 제공받을 수 있음

- 개인의 MaaS 데이터를 활용하고 분석하여, 대중교통의 사각지대를 발견하고 해소할 수 있음

- 시내버스, 지하철, 택시 등 개인의 공공 교통 이용내역을 한눈에 확인하고, 안전한 공공교통수단을 선택할 수 있는 교통 마이데이터 플랫폼을 구축할 수 있음

2) 정보제공자(데이터 보유기업)

- 하나의 서비스에서 교통정보를 접속 및 모니터링 할 수 있음(시간 절약)

- 개인의 MaaS 데이터를 활용하고 분석하여, 대중교통의 사각지대를 발견하고 해소할 수 있게 됨

3) 정보활용자(데이터 활용기업)

- 필요한 곳에 교통 데이터를 제공하여 경제적 이익을 볼 수 있음
- 데이터 주체에게 실질적인 도움과 보상을 제공

3-1-4. 교통 분야에서 마이데이터로 미래에는 누가, 무엇을 할 수 있을까?

마이데이터를 교통에 도입했을 때 우리가 활용할 수 있는 비즈니스 모델을 상상해보겠습니다.

- 개인의 MaaS 데이터를 활용하고 분석하여, 대중교통의 사각지대를 발견하고 해소할 수 있는 서비스
- 개인에게 최적화된 교통수단을 추천해주는 서비스
- 다양한 공유 모빌리티 사용자에게는 추가 환승 할인 등의 금전적 혜택을 제공해주는 서비스
- 모빌리티 데이터와 금융 데이터 결합을 통한 신용등급 관리 서비스
- 개인의 운전습관, 주유, 과태료 등 개인 모빌리티 데이터 확인 및 관리 서비스

신규 시장

4-1. 신규 시장은 어떤 형태로 생겨나고 있는가?

마이데이터 패러다임이 시작되면서 PDS(Personal Data Storage, Store, Space) 사업 등 새로운 비즈니스 분야가 생겨났습니다. 금융위원회에 의하면 PDS는 정보 주체가 본인의 데이터를 1. 안전하게 저장하고, 2. 체계적으로 관리하는 플랫폼입니다. PDS에 관한 규제는 아직 없지만, 개인정보의 저장공간인 PDS에 관련된 새로운 비즈니스 모델이 많이 나올 것으로 예상됩니다. PDS 관련한 비즈니스 모델의 사례 중 하나인 M-box를 살펴보도록 하겠습니다.

4-2. 현재 누가, 무엇을 새롭게 시도하고 있는가?

[1] 한컴워드의 M-box

Summary

한컴워드의 M-box는 직장인 맞춤 웰니스 서비스로, 개인의 건강진료와 카드 내역 분석을 통해 직장인 맛집을 추천해주고, 정신건강 관리 및 장보기 서비스를 제공합니다. 이와 함께 개인 건강진료, 카드 사용내역, 사업자 세무 데이터 등도 통합 관리할 수 있습니다. 한컴워드의 M-box는 컨소시엄을 이루어 개인이 직접 마이데이터 계정을 통해 자신의 데이터를 통합, 관리, 활용, 제공할 수 있는 서비스입니다.

Problem

마이데이터 사업자라면 마이데이터 사업은 무엇이며, 어떻게 마이데이터 사업자를 신청하고 사업을 확장·유지할 수 있을지, 만약 사업을 시작한다면 개인 데이터는 어떻게 얻어 오고, 어떻게 저장하고 관리해야 하는지 등 사업의 비전과 실질적인 운영, 데이터 연결 및 관리 방식 등 다양한 측면으로 고민이 많을 것입니다.

Solution

마이데이터 사업을 위한 컨소시엄을 통해 PDS를 공유하여 따로 데이터를 관리할 수 있습니다. 이를 통해 마이데이터 사업자로서 API 제공, 데이터 저장·관리 등의 데이터와 관련된 부담을 덜 수 있습니다.

다음은 한컴위드 컨소시엄을 설명한 그림입니다(그림 2.11). M-box 서비스를 개발하기 위해 모인 컨소시엄에서 주관사인 한컴위드가 플랫폼 구축 및 운영을 담당하며, 플랫폼 클라우드 제공기업 네이버 비즈니스 플랫폼(NBP)을 비롯해 데이터 제공 기관으로 고려대 산학협력단, 비씨카드, 세친구가 참여하고, GS리테일, 망고플레이트, 소프트넷, 휴니버스글로벌, 디스크라이가 데이터 활용기업으로 참여합니다.

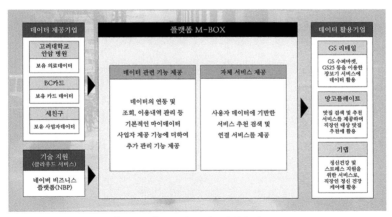

[그림 2.11] 한컴위드 컨소시엄의 개요도

나만을 위한 맞춤형 서비스를 이용하기 위해서는 마이데이터를 연동하여야 합니다. 그림 속 데이터 보유 기업/기관인 고대안암병원에서 의료 데이터, 비씨카드에서 카드 이용 정보, 세친구에서 소규모 사업자 데이터 중 선별적으로 원하는 데이터를 연동할 수 있습니다.

이후, 나의 데이터를 데이터 활용 기업/기관인 GS리테일, 망고플레이트 등에 제공할 수 있습니다. 만약 GS리테일에 본인의 정보를 제공하면 GS리테일의 장보기 서비스인 심플리쿡과 GS프레시몰에서 장보기 메뉴를 추천해주고, 망고플레이트에 본인의 정보를 제공하면 직장 주변의 맛집을 추천해줍니다. 또한, 기맵서비스에 본인의 정보를 제공하면, 스트레스 징조를 파악하여 정신건강 관리에 도움을 줍니다.

이와 함께 역시 마이데이터 수집, 이용, 다운로드, 동의 내역을 확인할 수 있습니다.

Key functions

개인의 건강진료와 카드 내역 분석을 통해 직장인 맛집 추천, 장보기 서비스, 정신건강 관리 서비스를 제공합니다.

Value Proposition

–웰니스 라이프를 위한 생활밀착형 마이데이터 플랫폼으로 다양한 데이
터 활용 기업을 한 서비스에서 제공받을 수 있음

–데이터 활용 기업/기관인 GS리테일, 망고플레이트 중 고객이 원하는 곳
에 선별적으로 개인정보를 제공하여 개인 데이터 통제권을 제공받고,
데이터 기반 이익 실현 가능

–개인 데이터 활용 서비스 제공자들이 플랫폼을 통해 활용품질이 보장되
고, 표준화된 개인 데이터를 제공받을 수 있음

[2] [인프라 구축] 쿠콘 – 마이데이터 사업을 위한 인프라 구축

Summary

쿠콘은 API를 판매하는 기업입니다. 마이데이터 패러다임에
발 빠르게 대응한 쿠콘은 마이데이터 사업자 허가를 받았습니다.
이에 쿠콘은 현재 마이데이터 사업을 하고자 하는 기업들의 어려
움을 해결해주는 비즈니스 모델을 가지고 있습니다.

쿠콘은 마이데이터 관련 인프라를 구축해주기도 하고, 마이데
이터 허가를 받지 않은 이들을 위해 마이데이터 관련 기능을 제
공해주기도 합니다.

Problem

마이데이터 사업자를 희망하는 경우, 기업이 마이데이터 사업 허가 신청을 하기 위해서는 큰 시간과 노력이 필요합니다. 또 마이데이터 사업자로 허가받기 위해서는 법령상 최소 자본금 요건(5억 원), 물적설비, 주요 출자자 요건, 사업계획의 타당성 등의 요건을 충족시켜야 하는데, 요건을 충족시키는 것이 쉽지만은 않습니다.

Solution

쿠콘과 같은 기업과 제휴하면 마이데이터 사업자가 아니더라도 플러그인 형태로 마이데이터를 이용한 기능을 사용할 수 있도록 제공해줍니다.

Key Functions

쿠콘과 같은 기업과 함께 제휴하면 다음과 같은 기능을 사용할 수 있습니다.

- 금융 기관일 경우, 타 핀테크 서비스와 연계해 금융 상품 판매 채널 확대 가능
- 데이터 보유 기관이 개인신용정보 전송 요구권에 대응할 수 있는 오픈 API 플랫폼 사용
- 쿠콘과 제휴해 마이데이터 서비스를 도입·운영할 수 있는 자산관리 서

비스 '마이데이터 Plug-In' 사용

−마이데이터 사업자가 450여 데이터 보유 기관을 한 번에 연결하고 통합 운영 관리할 수 있는 플랫폼 사용

Value Proposition

−마이데이터 패러다임에 타 서비스의 니즈에 발 빠르게 대응

−마이데이터 사업을 위한 타 서비스와의 제휴를 통해 마이데이터 사업자로 허가받고 사업하는 것에 대한 부담을 덜 수 있음

−이미 마이데이터 사업 허가를 받고, 관련 경험이 많은 전문가에게 맡김으로써 시간과 노력을 덜 수 있음

사례: [보안 관련] 라온시큐어 − 옴니원 네트워크

Summary

마이데이터 패러다임으로 다양한 비즈니스 모델이 생겨나고 있는데, 그중 마이데이터 서비스에 활용할 수 있는 DID 플랫폼을 제공하는 라온시큐어 사례를 살펴보도록 하겠습니다.

라온시큐어는 투명성과 보안성에 뛰어난 DID 플랫폼, 옴니원 네트워크(OmniOne Network)를 제공합니다.

DID 개념 이해하기

DID플랫폼 옴니원 네트워크를 이해하기 전에, 우선 DID라는 용어의 개념부터 설명해보겠습니다. DID는 DID(Decentralized Identifier, DID)의 약자로 중앙화를 하지 않는 신원증명이라는 뜻입니다.

첫 번째 특징으로는 DID는 안전하다는 점입니다. 기존의 중앙화 시스템에서는 기업들이 개인의 신원을 입증하는 인증서를 발급했습니다. 그리고 특정한 기관이 중앙에서 개인정보들을 보관하고 관리합니다. 데이터를 중앙 서버에 두고 처리하면, 해당 서버에서 정보가 비교적 쉽게 해킹되어 유출될 수 있습니다. 하지만 블록체인을 이용하면 모든 사용자가 익명 처리된 해당 정보를 가지고 있게 됩니다.

해킹을 위해서는 절반 이상의 블록들을 공격해야 하기 때문에 해킹이 어렵습니다. 특히나 해당 정보의 진위 여부만 블록체인에 저장하고, 중요한 개인정보는 개인의 영역인 PDS(Personal Data Storage, Store, Space)에 저장하는 DID의 특성상 더욱 안전하게 정보를 보관·관리할 수 있습니다.

두 번째 DID 특징은 위·변조가 불가능하다는 점입니다. 앞서 말했듯이, 블록체인을 이용하면 모든 사용자가 익명 처리된 해당 정보를 가지고 있게 됩니다. 모든 사람의 기록을 대조하여 해당 정보가 맞는지 체크하기 때문에 위·변조가 불가능하고, 모든 사람들의 내역을 확인할 수 있어 정보의 투명성을 갖게 됩니다.

마지막 특징은 익명 처리입니다. 마이데이터 패러다임을 기반으로 개인의 동의를 받아서 제공된 데이터는 GDPR[10]을 바탕으로 도입된 가명정보 조치를 통해 활용할 수 있습니다. 예를 들어, DID를 이용해 의료 마이데이터를 제공할 경우, 민감한 개인 의료 정보를 가명 처리하고 필요한 정보만을 제출할 수 있습니다.

Problem

기존의 중앙화된 시스템의 경우, 데이터를 중앙 서버에 두고 처리하기 때문에 중앙 서버만 공격하여 해킹하면 정보를 유출시킬 수 있습니다. 이에 DID 방식에 비해 정보 유출 피해 가능성이 높습니다.

또 현재는 기업이 개인정보 활용에 대한 내역을 요구하거나, 활용 시 개인에게 보상하는 시스템이 부재합니다.

---

10 GDPR : 책의 앞부분에서 언급되었듯, GDPR은 2018년 7월 시행된 유럽의 개인정보보호법(GDPR)으로 유럽 연합(EU) 내 개인에게 잊힐 권리와 저장된 개인 데이터의 사본을 요구할 권리를 부여하는 제도입니다. 기업이 개인의 정보를 저장하거나 처리하는 방식을 규제합니다.

Solution

[그림 2.12] DID (Decentralized Identifier) – 블록체인 기반 분산 신원증명 기술 이미지화

자, 이제 라온시큐어의 옴니원 네트워크를 소개하겠습니다. 사용자는 옴니원 서비스에서 ID를 만듭니다. DID를 등록하고, VC(Verifiable Credential), 즉 검증이 가능한 신원정보를 요청합니다. 그러면 발행자(이슈어 - 금융, 정부, 의료, 교육)가 신원을 검증하고, VC를 발행해줍니다. 이를 옴니 서비스에서 유저가 소유하고, 통제할 수 있는 곳에 저장합니다. 이 정보를 옴니원 네트워크라는 네크워크에 VC의 데이터의 정확성과 일관성을 검증할 수 있습니다.

옴니원 네트워크는 사용자의 개인정보를 전송하거나 저장하지 않고, VC의 발생과 검증을 위한 플랫폼으로만 작동합니다. 이러한

DID 기반 인증 체계에서는 개인정보가 사용자 기기의 안전한 영역(PDS)에 보관되고, 사용자가 개인정보를 필요로 하는 서비스 제공자에게 직접 제출할 수 있습니다.

Key Functions

-하나뿐인 전 세계 공용 신원인증 방법 제공

-사용자 기기의 안전한 영역(PDS)에서 사용자의 개인정보 보관 및 관리

-사용자가 개인정보를 필요로 하는 서비스 제공자에게 직접 제공 가능

Value Proposition

하나뿐인 전 세계 공용 신원인증 방법이 생긴다면, 훨씬 더 편리하게 개인정보를 활용할 수 있는 시스템이 만들어질 것입니다. 해외에 나가서 사고를 당하더라도, DID 기반 신분증만 있다면 나의 이름과 나이부터 의료 정보까지도 한 번에 의료진이 확인할 수 있게 됩니다. 블록체인 기반의 기술력으로 데이터의 정확성과 일관성, 신뢰성을 제공해주며, 개인정보가 사용자 기기의 안전한 영역(PDS)에 보관되고, 사용자가 개인정보를 필요로 하는 서비스 제공자에게 직접 제출하기 때문에 안전하고, 마이데이터 도입의 궁극적인 목적에 부합하여 개인이 보다 더 주체적으로 자신의 데이터를 관리할 수 있습니다.

4-3. 마이데이터로 미래에는 누가, 무엇을 할 수 있을까?

마이데이터는 다음과 같은 다양한 영역으로 확장될 수 있습니다.

- PDS를 둘러싼 요소 단위별로 새로운 비즈니스 개발
- 마이데이터 보안 기술 측면에서도 다양한 비즈니스 모델 수립
- 개인 데이터 동의체계 모듈, 통제관리 모듈 등을 제공하는 비즈니스

이번 챕터에서는 금융, 의료, 교통, 신규 사업 분야의 사례 측면으로 마이데이터 사업을 살펴보았습니다. 이에 우리는 시장의 대표적인 분야별로 마이데이터의 과거와 현재, 미래를 살펴보았고, 분명 각각의 사례에서 자신만의 관점으로 얻은 인사이트가 있을 것입니다. 이제 다음 챕터에서는 데이터 주도형 비즈니스를 구축하는 관점에 집중하여 또 다른 시선으로 마이데이터를 이해하고 공부해보겠습니다. 데이터 주도형 비즈니스에 대한 이해를 기반으로 마이데이터 비즈니스가 어떻게 하면 사용자에게 확실한 효용성을 제공해줄 수 있을지 함께 살펴볼 예정입니다.

마이데이터와
비즈니스

이것이 마이데이터다

새 술은 새 부대에 담아야 한다.

마이데이터를 활용한 서비스는 기본적으로 데이터 주체의 정보 이동권을 보장하기 위해 필수적으로 구현해야 하는 기능들이 있습니다. 이에 데이터 주체, 즉 서비스 사용자 입장에서는 회원가입 절차부터 제공되는 기능에 이르기까지 마이데이터 활용 서비스와 기존 서비스 간의 분명한 차이를 느낄 수 있습니다.

마이데이터 사업은 기본적으로 데이터를 활용한다는 점에서 기존 데이터 주도형 비즈니스 구조와 그 맥락을 같이 합니다. 하지만 마이데이터를 활용한 비즈니스 구조는 기존의 데이터, 혹은 빅데이터를 활용한 비즈니스 구조와는 다르게 설계되어야 합니다. 그 이유는 엄청난 잠재력을 가진 마이데이터 정책이 자칫 그저 하나의 '기능'으로만 동작하는 것에 그칠 수 있기 때문입니다.

이미 앞에서 설명했듯, 마이데이터 사업은 금융 분야에서 오픈뱅킹이라는 형태로 먼저 도입되었습니다. 처음 오픈뱅킹이 도입될 때, 그로 인한 '핀테크 시장의 지각 변동'을 예고하는 뉴스가 매일 쏟아져 나왔고, 주요 은행사와 핀테크 분야를 포함한 다수의 IT 기업들은 앞다투어 사용자 모시기에 바빴습니다. 그 덕에 초기에 많은 수의 사용자를 확보할 수 있었습니다(그림 3.1).

특히 기업들은 자사에서 제공하는 서비스에 사용자의 금융사 데이터를 연동할 경우, 그들이 얻을 수 있는 혜택과 차별화된 기능을 전략적으로 내세웠습니다. 하지만 대부분의 기업은 일단 '사용자를 뺏기지 않기 위해' 사용자를 자사 서비스로 '끌고 들어오는' 전략에만 집중한 것처럼 보였습니다.

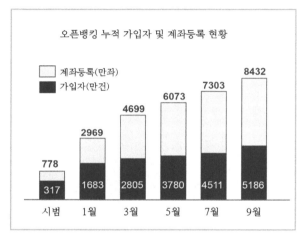

[그림 3.1] 국내 오픈뱅킹 누적 가입자 및 누적 계좌 (출처=금융결제원)

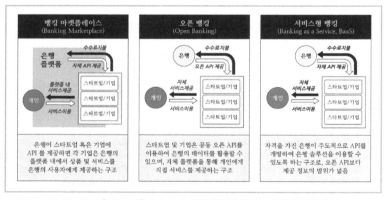

[그림 3.2] 오픈 API 기반 뱅킹 플랫폼 유형

물론 오픈뱅킹 사업은 이전이나 지금, 그 자체로 의미 있는 시도입니다. 오픈뱅킹 API를 활용하여 많은 혁신 벤처기업들이 다양한 시도를 통해(그림 3.2) 그들의 사용자를 만족시킬 수 있었고, 사용자는 이전보다 훨씬 더 유용한 금융 서비스들을 만나볼 수 있게 되었습니다. 하지만 여전히 몇몇 서비스들은 그들의 사용자에게 데이터를 '요구'할 뿐, 명확한 가치를 제공해주지 못하고 있습니다.

실제로 이러한 수준의 오픈뱅킹에 많은 사람들은 만족하지 못했습니다. 한국금융연구원의 설문조사[11]에 따르면, 설문 대상자의 32.4%는 은행의 오픈뱅킹 서비스에 대한 불만족 사항으로 '타행 통합조회' 외 별다른 추가 서비스가 없다는 점을 꼽았습니다.

사용자가 어떤 서비스에서 데이터 연동으로 인한 체감 가능한 유용성을 느끼지 못한다면, 이후의 서비스들에서 데이터 이동을 요청할 때 그들의 개인정보를 감히 내주기 위한 판단 기준이 점점 높아질 수밖에 없을 것입니다.

결론적으로 마이데이터 사업자는 마이데이터를 활용한 새로운 비즈니스 구조를 설계해야 합니다. 기존의 데이터 주도형 비즈

---

11 출처 : 오픈뱅킹 도입성과와 발전방향 / 권흥진 / 한국금융연구원 / 2020

니스 구조에 대한 깊이 있는 이해와 함께 마이데이터 비즈니스가 새롭게 갖는 혁신적 성격을 바탕으로, 사용자의 입장에서 확실하게 느낄 수 있는 가치를 제공해줄 수 있는 비즈니스 구조를 설계해야 합니다.

이번 챕터에서는 마이데이터를 활용한 사업을 시작하기 전, 비즈니스 구조를 구체화하는 단계에서 고려해야 할 지점을 짚어보았습니다. 먼저, 마이데이터를 활용한 비즈니스 모델의 수립 전략과 사례에 대해 간단하게 소개합니다. 이를 통해 마이데이터를 활용해 서비스가 확장하고자 하는 방향을 설정할 수 있습니다. 또 데이터 주도형 비즈니스에서 고려해야 하는 비즈니스 모델 구성요소들을 설명하면서, 기업에서 마이데이터 비즈니스를 구체화할 때, 놓치지 않고 고려해야 하는 것들을 함께 고민해보겠습니다.

마이데이터를 활용한 비즈니스 모델

마이데이터 활용 전략을 세우자.

데이터 주도형 비즈니스 모델에 대한 이해를 바탕으로, 우리는 기업의 현재 위치와 마이데이터를 활용하여 나아가고자 하는 방향을 그리고 전략을 세워야 합니다. 이때 전략은 두 가지로 나눌 수 있습니다.

첫 번째 전략은 마이데이터를 활용해 분석 및 예측 알고리즘을 고도화하여 사용자에게 더 유용한 정보 혹은 기능을 제공하는 방법입니다. 이는 같은 분야에서 더 많은 데이터가 요구되며 대상 사용자와 서비스의 핵심 가치 및 수익 구조는 변하지 않지만, 핵심 파트너 혹은 구체적 비용의 이점과 같은 요소들이 수정될 수 있습니다.

두 번째는 마이데이터를 활용하여 기업이 가진 잠재력을 토대로 전혀 다른 산업 분야로 진출 혹은 피봇하는(pivoting) 방법입니다. 이는 첫 번째 전략보다 더 많은 노력과 변화가 요구되며, 핵심 파트너와의 전략적 제휴가 매우 중요합니다. 또한 대상 사용자부터 서비스의 핵심 가치, 핵심 활동, 수익 구조 등을 모두 새롭게 세워야 합니다. 이러한 전략을 차용하는 기업들은 전략적 제휴 혹은 조인트 벤처(Joint Venture, 줄여서 JV) 형태로 새로운 사업을 시작합니다.

마이데이터를 활용한 기존 비즈니스 고도화 유형

[1] 금융 | 뱅크샐러드

[그림 3.3] 뱅크샐러드 서비스 소개 (출처=Google Play)

Summary

700만 명이 가입한 금융플랫폼 뱅크샐러드가 현재 사업에서 기존 기능을 발전시킨 대표적인 사례일 것입니다. 뱅크샐러드는 마이데이터를 통해 '생활플랫폼'으로의 전환을 준비하고 있습니다 (그림 3.3).

Solution

뱅크샐러드의 기존 금융관련 기능을 영화 '아이언맨'의 인공지능(AI) 집사 '자비스' 같은 서비스처럼 발전시키고자 합니다. 뱅크샐러드의 마이데이터의 서비스 적용 방향성에 대해 뱅크샐러드 관계자는 이렇게 말했습니다.

"평소 관심을 두던 지역의 청약이 다음 주에 마감된다든지, 자동차 보험 연납이 내일 모레까지 이뤄지면 10% 할인이 되는 등 개인이 손해 보지 않기 위해 알아야 하는 것을 적기에 알려주는 서비스를 만들고자 합니다."

또 기존 MY금융·가계부·금융비서 등 금융 관련 기능 외에도 앞으로 송금·내건강관리·내지출관리·내재산관리·내자동차관리·내신용관리 등 이전보다 더 다양한 기능을 추가해 생활플랫폼으로 발전할 예정입니다.

[2] 금융 | 핀다

[그림 3.4] 핀다 서비스 소개 (출처=Google Play)

Summary

대출 중개서비스를 제공하는 핀다는 보다 정확하고 많은 양의 데이터를 확보해 대출관리 서비스를 고도화할 예정입니다. 핀다는 마이데이터를 통한 정확한 데이터, 그리고 자체 알고리즘과 고객의 입력정보를 통해 기존의 대출비교서비스를 보다 정교화할 방침입니다(그림 3.4).

Solution

핀다는 총 27개 금융기관의 대출상품을 비교·분석해 고객 맞춤형 대출 상품을 추천합니다. 자체 개발한 핀단 엔진을 통해 최대 13회 대출 신청 절차를 1회로 간소화했습니다.

대출통합관리 시스템을 도입해 정보 불균형 문제도 해소했으며, 향후 사용자의 신용 정보와 선호도 정보를 기반으로 1:1 맞춤 대환 서비스 시스템을 구축할 계획입니다.

[3] 금융 | 보맵

[그림 3.5] 보맵 서비스 소개 (출처=Google Play)

Summary

인슈어테크 보맵은 금융·비금융 데이터를 기반으로 최적화된 보험상품과 개인화 서비스를 제공할 계획입니다(그림 3.5).

Solution

나에게 최적화된 보장은 무엇인지, 그리고 이에 맞는 보험상품을 찾아 맞춤형으로 추천해주기 위해 데이터 분석 알고리즘을 고도화할 예정입니다. 이렇게 고도화된 알고리즘을 기반으로 예상 손실에도 대응할 예정입니다. 이와 함께 고객들이 보험 솔루션을 이용할 수 있는 환경을 조성하는 등 디지털 파트너 역할을 충실히 해내기 위해 노력 중입니다.

마이데이터를 활용한 새로운 비즈니스 설계 유형
[1] 라이프/맛집 | 페이노트

Summary

페이노트는 2020년 5월, 카드사 마이데이터 API를 기반으로 개발한 서비스입니다. 한국신용데이터의 경영관리 서비스 캐시노트를 사용하는 전국의 65만여 사업장의 정보를 바탕으로 신한카드, 현대카드, 비씨카드 등의 카드사로부터 사용자의 카드 결제 데이터 API를 전달받고, 이를 기반으로 맞춤형 동네 맛집 정보를 제공합니다.

김동호 한국신용데이터 대표는 "페이노트는 마이데이터 기반 비즈니스가 잘 작동할 수 있다는 걸 시장에서 입증한 사례"라며 "지난해 5월 신한카드와 함께 과학기술정보통신부와 한국데이터 산업진흥원의 마이데이터 실증 서비스 사업으로 시작한 서비스가 앱 없이 50만 가입자를 모았으며, 제휴 카드사도 1년 만에 세 곳 으로 늘었다"고 밝혔습니다.

Solution

페이노트를 이용하면, 서울 강남역 인근 지역에서 점심 식사 를 하는 직장인의 경우, 과거 지출 내역에 맞춰 강남역 인근의 식 당, 카페, 술집의 할인 쿠폰을 받아볼 수 있습니다(그림 3.6).

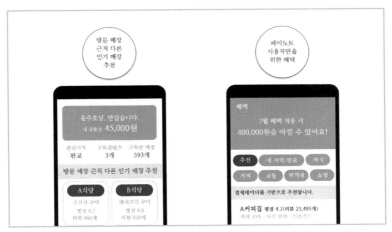

[그림 3.6] 페이노트 서비스 화면 (출처=Google play)

Value Proposition

페이노트는 데이터를 기반으로 맛집을 추천해주기 때문에 실질적으로 도움이 되는 정보를 제공받을 수 있습니다. 또 간편한 결제 정보 연동과 데이터 기반의 소비 리포트, 나도 모르는 소비 스타일과 취향을 제공받을 수 있습니다.

페이노트는 한국신용데이터가 제공하는 또 다른 서비스인 캐시노트와 공생관계를 이루고 있는데, 캐시노트는 전국 65만 사업장의 경영관리를 돕는 서비스입니다. 카페, 음식점 등 소상공인이 사장님인 경우가 많은 생활 밀접 업종에서는 절반 이상 사업장에서 캐시노트를 사용하고 있습니다.

한국 신용데이터는 캐시노트를 통해 전국 음식점, 카페 등 생활밀접 업종 사업장 중 절반 이상과 이미 접점을 맺고 있으며, 이러한 캐시노트의 사업장 정보들을 페이노트의 기본 정보로 활용할 수 있는 장점이 있습니다.

한국신용데이터는 소비자 대상 서비스 페이노트와 사업주 대상 서비스 캐시노트를 상호보완적인 서비스로 성장시켜 나갈 계획입니다. 앞으로 페이노트 사용자는 캐시노트 정보를 바탕으로 단골손님이 많은 가게, 최근 인기 급상승인 가게, 내게 많은 혜택을 주는 가게 등 관심이 가는 동네 가게를 쉽게 찾을 수 있게 됩니다.

캐시노트를 쓰는 사업주는 페이노트를 통해 주변 상권 가게를 자주 찾는 손님을 대상으로 한 맞춤형 마케팅을 벌일 수도 있습니다. 이러한 과정은 마이데이터 API를 통해 안전하고 믿을 수 있는 방식으로 이뤄지게 됩니다.

[2] 라이프/의류 | 현대카드 피코(PICO)

Summary

현대카드 '피코(PICO)'는 마이데이터를 활용한 서비스가 아닌, 현대카드의 결제 데이터를 바탕으로 만든 '해외 패션 사이트 검색 서비스'입니다. 안타깝게도 2018년에 서비스를 종료했지만, 금융사인 현대카드가 결제 정보를 이용해 만든 비금융 검색 서비스라는 의미가 있어 소개합니다(그림 3.8).

Solution

해외 패션사이트에서 직접 구매를 하는 직구족이 늘어나고 있지만 믿을 만한 사이트를 찾는 과정이 쉽지는 않습니다. 이러한 고객들을 위해 한글로 해외 패션사이트에 대한 검색결과를 제공해주는 앱이 '피코(PICO)'입니다. '피코'는 현대카드의 약 20억 건에 달하는 카드 결제 데이터를 기반으로 꾸준한 방문과 최근 결제 빈도 수가 높게 나타났던 사이트들의 상품을 제공합니다. 이외에도 사용자가 등록한 취향에 적합한 해외 사이트를 파악해 제안하는 기능과 사용자의 관심 사이트 신상품과 각종 할인 등의 정보를 지원하는 기능도 있습니다.

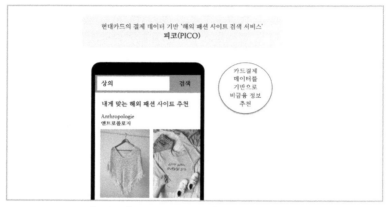

[그림 3.7] 피코 서비스 화면 (출처=Google play)

예를 들어, 검색창에 '남성 구두'라고 쓰면 검색 알고리즘을 적용해 '인기 있는', '최근 뜨는', '내게 맞는' 3가지 테마의 검색 결과가 제공됩니다. 검색 결과는 각 쇼핑몰마다 해당 사이트의 간략한 소개와 함께 다양한 정보로 나타납니다. 할인율, 배송형태, 사용 가능한 카드 종류, 특징 등의 편의 정보가 태그 형태로 한눈에 알아보기 쉽게 제공됩니다.

Value Proposition

일반적으로 금융사의 결제 정보는 단순 통계자료, 마케팅 최적화 정도로 활용되어 왔지만, 피코는 최초로 카드 결제 데이터와 검색엔진을 접목시켰습니다. 비록 서비스는 종료되었지만, 데이터를 활용해 새로운 분야로 비즈니스 개척을 시도했습니다. 만약 마이데이터가 산업이 활성화된 후 피코와 같은 서비스를 내놓았다면 어땠을지 상상해볼 만합니다. 현대카드사의 데이터뿐만 아니라 다양한 회사의 결제, 특히 의류 결제 데이터를 확보했더라면 더욱더 수준 높은 알고리즘으로 성공적인 서비스를 운영하고 있었을지도 모릅니다.

02 데이터 비즈니스
모델의 이해

비즈니스 모델이란 무엇일까요?

아마 서비스를 기획해보았거나 시장 경제에 관심 있는 사람이
라면 비즈니스 모델(Business Model, BM)이라는 용어에 익숙할 것
입니다. 사업 모형 혹은 비즈니스 모델은 기업의 서비스와 이윤
창출 방식을 포함한, 전체적인 사업 구조를 나타내기 위한 모형
입니다. 즉, 기업의 목표와 정체성, 가치, 이익 등을 포함하고 있는
청사진(Blueprint)으로 이해할 수 있습니다.

기업은 BM을 구체적이고 현실적으로 설계해야 합니다. 또한
BM은 사업의 전반적인 내용을 포함하고 있기 때문에 조직 구성
원들이 공통적으로 이해하고 있어야 합니다. 이에 BM을 시각화
하여 정리할 수 있는 툴(Tool)들이 많이 연구되어 왔습니다. 그
중 가장 많이 언급되는 비즈니스 모델 캔버스(Business Model

Canvas, BMC)는 알렉산더 오스터왈더라는 사람에 의해 제안된 방식으로, 지속 가능한 비즈니스 구조 설계에 필요한 9가지 핵심 요소로 구성되어 있습니다(그림 3.8).

Key Partners (핵심 파트너)	Key Activities (핵심 활동)	Value Proposition (가치 제안)	Customer Relationships (고객 관계)	Customer Segments (고객 세그먼트)
비즈정자들의 전략적 동맹, 경쟁자 간 전략적 파트너십, 새로운 비즈니스 개발을 위한 주인/멘터, 안정적 공급 위한 '무제자-공급자' 관계 (SCM) 등으로 분류 **구축 이유**: 최적화 및 규모경제, 리스크/불확실성 감소, 자원/활동의 확득	핵심 고객층(Segment)의 니즈를 해결해주기 위한 주요 활동 혹은 서비스 내에서 제공해주는 주요 기능 **Key Resources (핵심 자원)** 서비스 핵심 가치를 제공하기 위해 필요한 자산(자원)들 혹은 서비스가 가지고 있어야 하는 것들	서비스의 Slogan이라고 할 수 있는 주요 가치 서비스에서 고객의 니즈를 어떻게 해결해줄 수 있는지, 처음 보는 사람들도 한눈에 이해되도록 명확하게 정리	관계 획득 (잠재 고객 주목, 구매 고객으로의 전환) / 관계 유지 (개인화 및 이탈 방지) / 관계 강화 (핵심 고객 펀글) **Channels (채널)** 어떤 채널에서 어떤 고객군과 소통하고 있는지 정리하여, 이제노/평가/구매/선남/판매 이후 등으로 구분	서비스의 대상 고객을 정의 고객을 정의할 때, 최대한 니치하게 정의되될 필요가 있으며 고객 세그먼트에 따른 니즈의 시장 규모를 함께 정리하면 이후의 비즈니스 설계에 노임

Key Partners (핵심 파트너)			Revenue Streams (수익원)	
핵심 활동 수행 및 핵심 자원 확보 시, 가장 비용이 많이 들어가는 방목을 산출하여 계산하며, 이후 고정 지출 계산 및 운영비 산출 필요			물품판매, 기임비, 대여료/임대료, 라이센싱, 중계 수수료, 필고 수수료 등이 포함되며, 수익원은 비즈니스 구조에 따리 안전히 달라질 수 있음 새로운, 참신한 수익원에 대해 고민 필요	

[그림 3.8] 비즈니스 모델 캔버스와 9가지 핵심 요소

BMC와 같은 도구 외에도 SWOT 분석, 포지셔닝 맵, 린 캔버스(Lean Canvas) 등과 같은 다양한 도구들이 많이 개발되어 있으며, 기업의 상황에 맞게 적용해볼 수 있습니다. 하지만 이는 모두 비즈니스 모델 구체화에 도움을 주는 도구일 뿐이라는 것을 인지하고 있어야 합니다. 중요한 것은 도구에 포함된 요소들이 무엇이고, 왜 필요하며, 요소 간의 유기적 연계가 어떻게 내 비즈니스에 영향을 주는지 이해하는 것입니다.

기본적인 데이터 주도형 비즈니스의 구조를 이해하자.

비즈니스 모델은 모든 일반 기업들을 대상으로 하는 개념입니다. 그렇다면 데이터 중심의 역량을 갖춘 기업은 그렇지 않은 일반 기업들과 다른 비즈니스 방식을 선택해야 할까요?

한국데이터진흥원은 "데이터를 축적하고 정보화하는 것에서 벗어나 데이터를 분석하여 의미를 찾고 이를 실행에 연결시키는 산업"을 데이터 주도 비즈니스라고 정의하였습니다. 이에 더하여 같은 문서에서 현대 경영학에서 제시된 사업 유형 분류 기준들을 6가지 유형으로 재정의하고 있습니다.

Key Resources(핵심 자원), Key Activities(핵심 활동), Value Proposition(가치 사슬), Customer Segment(고객 분류), Revenue model(수익 창출), Cost Structure(비용 구조)로 이뤄진 이 6가지 핵심 유형은, 위에서 언급된 BMC의 9가지 요소 중 Customer Relationship(고객 관계 관리), Channels(접점 채널), Key Partners(핵심 파트너)의 3가지 요소를 제외한 나머지 요소들입니다.

케임브리지 대학에서는 이 6가지 요소를 다시 데이터 비즈니스의 성격에 맞게 변형하여, 데이터 주도형 비즈니스 모델(Data-Driven Business Model, DDBM)의 프레임워크를 제안하였습니다(그림 3.9). 이를 해석해보면, 데이터 주도형 비즈니스에서는 데이터 출처(Data Sources)가 곧 사업의 핵심 자원(Key Resources)이

며, 서비스가 제공하는 산출물(Offering)이 해당 사업의 핵심적인
가치가 됩니다. 또 고객 분류(Customer Segment)에서 더 나아가
타깃 고객(Target Customer)이 더 구체화되어야 하며, 단순 비용
구조(Cost Structure)가 아닌 구체적인 비용의 이점(Specific Cost
Advantage)에 대해 논의해야 합니다.

BM (Business Model) Dimensions		DDBM (Data-Driven Business Model) Dimensions
핵심 자원 (Key resources)	변화	데이터 자원 (Data sources)*
핵심 활동 (Key activities)		핵심 활동 (Key activities)
가치제안 (Value proposition)	변화	산출물 (Offering)*
고객 분류 (Customer segment)	변화	타겟 고객 (Target customer)*
수익원 (Revenue model)		수익원 (Revenue model)
비용구조 (Cost structure)	변화	구체적 비용의 이점* (Specific cost advantage)

[그림 3.9] 데이터 주도 비즈니스 유형 분류 기준 (출처=Cambridge Service Alliance)

이제 마이데이터 사업의 특징을 장착해볼까요?

그렇다면 데이터 주도형 비즈니스를 구성하는 주요 요소에서
마이데이터 비즈니스의 특성을 고려해보겠습니다. 우선, 세부적
인 비즈니스 구성 요소를 고려하기 전에, 데이터 주도형 비즈니스
에서 사용자에게 '어떤 가치를 전달'할 것인지 명확하게 정의하는
것이 가장 중요합니다. 이때 DIKW[12] 피라미드를 사용하여 수집된

데이터가 어떤 방향성을 가지고 나아가면 좋을지 생각해볼 수 있습니다.

DIKW 피라미드를 통해, 데이터 주도 비즈니스가 제공해야 하는 가치는 다음과 같이 설명될 수 있습니다. 사용자 혹은 고객의 수집된 데이터(Data)에 이야기를 더하면 정보(information)의 형태로 가공할 수 있습니다. 이 정보에 의미를 담으면 사용자 혹은 고객에게 지식(knowledge)을 제공할 수 있게 됩니다. 이렇게 제공된 지식이 사용자 혹은 고객의 행동 결정(decision-making)에 유의미

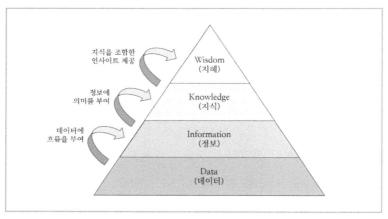

[그림 3.10] DIKW 피라미드 (출처=Gajzler, M. (2016). Usefulness of mining methods in knowledge source analysis in the construction industry. Archives of Civil Engineering, 62(1).)

12 DIKW 피라미드란, Data(데이터)가 Information(정보), Knowledge(지식)을 거쳐 Wisdom(지혜)으로 승화되는 과정을 나타낸 구조모형입니다(그림 3.11).

한 영향을 주는 인사이트를 포함할 때, 단순 정보 혹은 지식이 아닌 효용성 높은 지혜(wisdom)를 제공하는 서비스가 될 수 있습니다. 즉, 데이터를 활용한 모든 기업들은 그들의 사용자 혹은 고객의 데이터를 수집하고 이를 잘 보여주는 것에 그치지 않고, 사용자의 의사 결정을 돕는 수준의 인사이트를 제공해야 합니다.

마이데이터를 활용한 비즈니스는 기존의 단순한 데이터 주도 비즈니스에서 한 발자국 더 나아가야 합니다. 현재 많은 데이터 기업들이 그저 데이터를 잘 '수집'하고 안전하게 '보관'하며 잘 '보여주는' 것에 집중하고 있습니다. 하지만 그들의 고객 입장에서 데이터를 수집하고 안전하게 보관하는 것은 너무나도 기본적인 일이며, 더 나아가 사용자 스스로도 알지 못했던 미충족된 욕구(Unmet needs)를 해결해줄 수 있는 지식을 얻게 되었을 때 서비스가 유용하다고 느낍니다.

마이데이터 생태계 내에는 데이터 활용기업과 데이터 보유기업을 포함한 다양한 이해관계자가 존재합니다. 이에 더 많고 더 다양한 데이터를 수집할 수 있으며, 보다 깊고 넓은 범위의 지식을 전달할 수 있습니다. 따라서 데이터 수집을 고민하는 단계에서 전략적 제휴 방식을 함께 고려하여, 핵심 자원을 얻기 위해 핵심 파트너를 어떻게 선정하고 의사소통할 것인지, 또 이를 사용하여 사용자 혹은 고객에게 어떤 지점에서 명확한 이점을 제공해줄 수 있을지, 깊게 고민해야 합니다. 비즈니스 모델을 기반으로 사용자 측면에서 얻을 수 있는 효익과 기업 측면에서 얻을 수 있는 경제적 이점을 확실히 생각해보아야 합니다.

우리는 앞으로 본질에 집중해야 합니다. 마이데이터 사업이 갖는 특성에 따라 비즈니스 모델의 구조와 항목은 조금씩 변화할 수 있습니다. 하지만 대상 고객 혹은 사용자에게 전달하고자 하는 가치를 명확하게 정의하고, 이를 위한 데이터를 수집하고 해당 과정에서 이해관계자와 원활한 관계를 맺는 과정은 변하지 않을 것입니다.

데이터 비즈니스 모델 구체화

비즈니스 모델을 구체화하는 과정은 기업 혹은 서비스 구조의 청사진을 그리는 것과 같습니다. 청사진이란 미래에 대한 적절한 계획이나 구상 등을 의미하는데, 이는 현실 세계에서 기업 구조에 대한 그림을 그리는 것으로 표현되기도 합니다. 따라서 데이터 비즈니스 모델 구체화 단계와 단계별 주요 시사점을 쉽게 이해할 수 있도록, 그림 그리는 과정에 비유하여 주요 요소들과 단계를 설명하였습니다. 비즈니스 모델을 구성하는 주요 요소는 일반적으로 널리 활용되고 있는 비즈니스 모델 캔버스(BMC)의 요소를 기반으로 설명하고 있습니다.

비즈니스 모델 구체화의 단계 및 주요 구성 요소 간의 비중은 전적으로 비즈니스의 내용과 전략에 따라 달라집니다. 비즈니스 유형에 따라 구성 요소들 중 비교적 비중이 낮은 요소가 있을 수 있고, 특정 비즈니스에서는 매우 중요한 가치가 다른 비즈니스에서는 그렇지 않을 수도 있습니다. 이에 우리는 '어떠한 요소를 차별화하여 나만의 비즈니스를 설계할 것인가?'와 같은 질문을 스스로에게 던지며, 대상 사용자가 겪는 문제를 명확하게 정의하고 구체화해 나가면서 나만의 답을 찾아야 합니다.

1. 타깃 유저: 사용자의 맥락을 이해하는 방법

우리 앞에 도화지와 연필이 놓여 있다면, 자연스레 '그릴 대상'을 찾을 것입니다. 그것이 상상이든, 눈앞의 사물이든 우리는 가장 먼저 그림 속 주인공으로 표현할 대상을 정합니다. 그리고 끊임없는 관찰과 회상을 통해 대상의 특징을 표현합니다.

비즈니스도 이와 마찬가지입니다. 우리는 서비스의 주인공인 '사용자'를 먼저 정의해야 합니다. 그리고 사용자가 처한 환경, 사용자가 겪는 불편함, 사용자가 원하는 것 등을 파악하기 위해 끊임없이 사용자를 관찰하고 분석해야 합니다. 구체적으로 정의할수록 사용자와 사용자를 둘러싼 맥락을 정확하게 그려낼 수 있을 것입니다. 이렇게 정의된 사용자를 퍼소나(Personas) 혹은 잠재 고객(Customer)이라고 합니다.

이때 중요한 것은 단순히 사용자를 정의하는 것에서 그치지 않고, 앞서 말한 사용자의 '맥락'을 파악하는 일입니다. 맥락

(context)은 사물이나 대상 등이 서로 연결되어 있는 관계를 의미하는데, 실험심리학에서는 이를 '주어진 대상 이외에 그 대상과 함께 제시된 모든 정보'라고 풀이하고 있습니다. 즉, 사용자의 맥락을 파악한다는 것은, 특정 사람(A)이 자신의 목적(B)을 달성하기 위해 주고받는 일련의 상호 작용들(C)을 공간(D)과 시간(E) 정보와 함께 이해하는 것을 의미합니다(표 3.1).

이를 비즈니스 수준에서 이해한다면, 기업은 사용자 혹은 고객이 서비스를 이용하여(행위) 원하는 바를 달성할 수 있도록 사용자 목적에 맞는 서비스를 제공해야 합니다. 또 사람, 목적, 시간, 공간, 행위 요소는 모두 유기적으로 연결되어 있기 때문에, 요소가 하나라도 달라지면 행위도 달라집니다. 따라서 대상 사용자를 정의할 때, 구체적인 목적과 환경(시공간) 정보를 함께 정의해야 합니다. 참고로 사용자를 둘러싼 환경과 맥락을 이해하기 위해 적절한 디자인 도구들이 많이 소개되어 있으며, 대표적으로는 고객여정지도(Customer Journey map, CJM)나 사용자 시나리오(User Scenario) 등이 널리 활용되고 있습니다.

	구분	부과대상 및 방법
A	사람(Persona)	고객(Customer) 혹은 사용자(User)가 이에 해당
B	목적(Needs)	대상이 현재 겪고 있는 문제를 해결하기 위해 갖는 욕구

C	행위(Action, Behavior)	목적을 달성하기 위해 수행하는 행위
D	공간(Place)	물리적 공간뿐만 아니라 개념적 공간(가상 공간)도 포함
E	시간(Time)	공간과 함께 필수적으로 존재

[표 3.1] 사용자를 맥락적으로 파악하기 위해 고려해야 할 요소들

2. 가치 제안: 사용자의 욕구를 분류하는 방법

그림 속 주인공을 정했고, 관찰을 통해 특징을 포착했다면 이제 주인공을 그릴 수 있습니다. 하지만 그 전에 우리는 주인공을 '어떻게' 그릴지 생각해보아야 합니다. 단순히 시각적 표현을 넘어, 그림을 통해 이야기하고자 하는 작가의 철학을 담아내는 단계입니다.

비즈니스에서 작가의 철학은 서비스 정체성으로 치환될 수 있습니다. 서비스 정체성은 서비스가 제공하는 가치가 확립되어 서비스의 고객에게 지속적으로 전달되었을 때, 비로소 확립될 수 있는 영역입니다. 따라서 서비스 정체성을 확립하기 위해서는 명확한 서비스 가치를 고객에게 전달하는 과정이 선행되어야 합니다. 서비스 정체성과 서비스 가치의 관계는 개인의 측면에서 논의된 '역량(Competency)의 빙산구조 모델'을 서비스 관점으로 확장하여 다음과 같이 표현될 수 있습니다(그림 3.11).

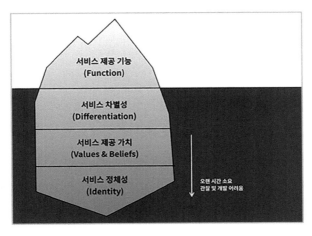

[그림 3.11] 서비스의 정체성과 제공 기능 관계 모델

서비스의 제공 가치는 서비스의 차별화를 가능하게 하며, 이는 서비스의 기능으로 구현되어 사용자에게 전달될 수 있습니다. 또한 사용자는 서비스와의 지속적인 커뮤니케이션을 통해 서비스의 가치를 전달받을 수 있으며, 다수의 사용자에게 공감을 받은 서비스 가치는 곧 서비스의 정체성으로 굳어지게 됩니다.

그렇다면 서비스에서 어떤 가치를 제공해줄 수 있을까요? 먼저 사용자의 본질적 욕구(Needs)와 행위적 욕구(Wants)를 구분할 수 있어야 합니다. 예를 들어 배가 고파 햄버거를 사먹는다고 했을 때, '배고픔의 해결'은 사람이 느끼는 본질적 욕구이며, 배고

폼의 해결을 위한 '햄버거'는 '행위적 욕구'로 풀이될 수 있습니다. 본질적 욕구는 개인 간의 차이가 크지 않으나, 행위적 욕구는 개인의 성향에 따라 차이가 크게 나타납니다. 이때, 사용자의 본질적 욕구를 해결해주는 방식이 곧 서비스가 제공하는 가치(Value proposition)가 될 수 있으며, 사용자의 행위적 욕구 해결 방법은 서비스의 기능(Function)으로 개발될 수 있습니다.

덧붙이자면 서비스의 가치가 사용자에게 전달되기 위해서는 이에 부합하는 기능의 개발도 중요하지만, 끊임없이 사용자 접점(touch point)에서 이를 전달하는 것도 매우 중요합니다. 이것이 채널 전략 수립을 통한 마케팅 전략으로 이어질 수 있으며, 마케팅 전략이 성공하면 광범위한 사용자에게 서비스의 정체성을 명확하게 전달할 수 있습니다.

3. 기능: 서비스의 가치를 현실화하는 방법

그림에 담아낼 이야기를 정했다면, 이제 밑그림을 그릴 차례입니다. 드디어 기획을 마치고 실제 그림을 그리는 단계로 접어드는 시점이기도 합니다. 숙련된 대가라면 하나의 선으로 완벽하게 그려내겠지만, 그렇지 못한 경우 연필을 이용하여 연하게 대략적인 구성을 잡고 이를 하나의 선으로 그려내는 작업을 반복합니다. 이 과정을 통해 밑그림을 완성하고 나면, 설명 없이 다른 사람들이 그림의 대략적인 구성을 이해할 수 있게 됩니다.

밑그림을 그리는 과정은 이야기를 가시화하는 작업이며, 이는 곧 서비스 가치를 실체화하는 기능 설계 단계와 닮아 있습니다. 앞선 단계에서 사용자의 맥락을 이해하고, 본질적 욕구에 따른 행동적 욕구를 구분하였습니다. 기능 설계는 본질적 욕구를 수행하기 위한 행동적 욕구를 실체화하는 과정입니다.

기능 설계는 어떻게 해야 하는 걸까요? 기능 설계 과정에서 가장 많이 사용되는 용어이자, 설계의 기준이 되는 개념은 MVP (Minimum Viable Product, 최소기능제품)입니다. MVP는 아이디어를 구현할 때, 작동 가능한 최소 단위로 개발하고 고객의 반응을 확인하여 반복적으로 개선해 나가는 방식입니다. 그럼 MVP에 포함시킬 최소한의 기능은 또 어떻게 정의할 수 있을까요?

최소 기능을 정의하기 위해 시제품(prototype)을 통해 알파 사용자 수준의 검증을 하거나 사용자 피드백을 먼저 수집하고 이를 기준으로 기능을 분류할 수도 있습니다. 아니면 개발 자원을 확인하고 가능성(feasibility)을 고려하여 기능의 우선순위를 정할 수도 있습니다.

카노 모델(KANO model)은 이와 같은 단계에서 활용할 수 있는 방법 중 하나입니다. 카노 노리아키에 의해 1980년대에 연구된 제품 개발에 관련 상품 기획이론으로, 이를 활용하여 객관적

정보(충족-불충족)와 주관적 감정(만족-불만족)으로 구성된 두 개의 축을 기준으로 서비스 기능을 구분할 수 있습니다(그림 3.12).

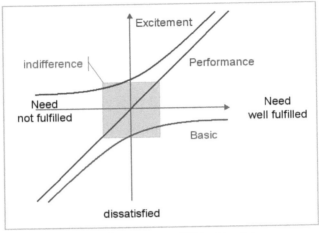

[그림 3.12] KANO model (출처=wikipedia)

기능 구분	정의
매력적 품질 (Excitement)	충족되면 좋지만, 충족되지 않더라도 크게 불만족을 유발하지 않는 기능
일원적 품질 (Performance)	충족되면 좋고, 충족되지 않으면 불만족스러운 가장 기본이 되는 기능
당연적 품질(Basic)	반드시 있어야 하는 기능
무관심 품질 (indifference)	충족되거나 불충족되는 것과 상관없이 만족을 유발하지 못하는 기능
역품질	충족되면 불만족스럽고, 불충족되면 좋은 기능

[표 3.2] KANO model에 관한 해석

기업의 인적 자원 낭비를 막기 위해 이처럼 다양한 도구를 이용하여 서비스가 가장 효과적으로 제공할 수 있는 최소 기능을 도출하고, 이를 MVP로 설정하는 것이 매우 중요합니다.

4. 데이터 수집: 가장 적절한 데이터를 선정하는 방법

적절한 기능 구현을 위한 데이터를 수집하는 과정은 밑그림에 색을 입히는 과정으로 비유될 수 있습니다. 색칠할 때에는 표현하고자 하는 그림에 가장 어울리는 채색도구를 선택해야 합니다. 이 때 채색도구를 이미 가지고 있을 수도 있지만 새로 사야 하거나 친구에게 빌리게 될 수도 있습니다.

데이터를 수집하는 것도 이와 마찬가지입니다. 구현하고자 하는 기능에 형태적으로 적절하게 가공된 데이터 셋(Data Set: 같은 유형의 데이터가 모여 있는 것)이 필요하며, 해당 데이터 셋을 넣었을 때의 결과는 사용자에게 제공해주고자 하는 가치에 부합해야 합니다. 또한 자사가 보유한 데이터를 활용할 수도 있지만, 보유 데이터가 아닌 다른 분야의 데이터가 필요한 경우 타사의 데이터를 활용해야 할 수도 있습니다.

그럼 어떻게 적절한 데이터 셋을 선정할 수 있을까요? 수집할 데이터를 선정하는 과정에서 극한의 창의성이 요구됩니다. 예를 들어, 사용자의 데이터를 활용하여 건강관리를 돕는 서비스를 구현한다고 했을 때, 단순히 의료데이터 혹은 생활건강 데이터 수집을 통해 건강관리를 할 수 있다고 판단하고 수집 데이터의 범위를 속단하지 않아야 합니다. 끊임없는 아이데이션 과정과 파괴적 혁신이 요구되며, 때때로 전혀 다른 분야의 데이터가 활용되어야 할 수도 있습니다.

먼저, 기업이 보유한 전체 데이터 셋을 확인하고 데이터의 조합을 통해 정의할 수 있는 정보의 범위를 도출합니다. 이후 다른 분야의 데이터와 가공 가능한 정보 범위를 정리하고, 보유 정보와 수집 예정 정보를 1:1로 통합하여 도출될 수 있는 예상 결과를 고민해봅니다. 전략적 제휴를 통해 타 기업이 보유한 데이터를 수집하는 경우, 사용자에게 실질적이고 체감 가능한 도움을 줄 수 있는 정보를 가진 업체를 선정해야 합니다.

또한 데이터 활용기업이 언제든 데이터 보유기업이 될 수 있다는 것을 기억해야 합니다. 데이터를 수집하고 활용하여 유의미한 정보 형태로 가공한다면, 데이터 보유기업이 될 수 있습니다. 이러한 비즈니스의 양면적 구조를 잘 고려하여 마이데이터 사업을 진행해야 합니다. 데이터의 수집 및 활용은 다음 장에서 더 자세하게 다뤄지므로, 실질적인 데이터 전략은 챕터4에서 더욱 구체적으로 확인할 수 있습니다.

04

지속 가능한
비즈니스를 위해서

명확하고 매력적인 비즈니스 구조만큼 지속 가능한 비즈니스 구조를 고려하는 것도 기업의 입장에서 매우 중요한 일입니다. 앞에서 비즈니스 구조를 수립하는 구체적인 방법에 대해 소개했다면, 이번에는 마이데이터 사업과 내부 조직을 운영하는 입장에서 참고 될 만한 내용들을 설명해보고자 합니다.

뿌리가 튼튼해야 한다.

비즈니스를 하기 위해서는 함께 할 사람들이 필요합니다. 같은 신념을 가진 사람들이 모여 조직을 이루고, 비즈니스를 통해 이익을 내는 기업을 만들어냅니다. 결국, 조직을 이루고 있는 개개인이 비즈니스의 시작입니다. 같은 재료(마이데이터)를 어떻게 인사이트 있는 지식으로 효용성 있게 사용자에게 제공해주는지가 마이데이터 사업에서 중요합니다. 이 같은 데이터를 어떻게 해석하고 활용하느냐에 중요하게 영향을 미치는 것은 결국 "데이터를 해석하는 사람"입니다.

따라서 데이터를 해석하는 사람이 해당 분야에 대한 깊은 이해를 가지고 있으며, 무엇보다도 다양한 분야에 대한 호기심을 가진 사람이어야 더욱 다양한 시각에서 데이터를 해석하려는 시도를 할 수 있습니다. 즉, 조직을 이루는 근간인 '사람'이 매우 중요한 자원이 됩니다. 그리고 사람을 얻기 위해서 조직은 다양한 준비가 필요합니다.

현재 기업과 청년이 서로를 바라보는 관점은 큰 불균형을 이루고 있습니다. 기업 입장에서는 '인재'가 없다고 하지만, 청년들은 '갈 곳'이 없다고 호소합니다. 기업은 내부 조직에 적응해서 같은 곳을 바라보며 열정적이고 노련하게 일해 줄 직원이 필요하고, 청년은 괜찮은 수준의 복지를 제공해주면서도 내가 성장할 수 있는 곳이 필요하기 때문입니다.

하지만 마이데이터 사업을 위해서는 넓은 시야가 필요합니다. 마이데이터 활용 기업은 데이터 기업으로서의 기본적인 조직을 갖추고 청년이 다양하고 혁신적인 시도를 해볼 수 있도록 권한을 포함한 환경을 제공해야 하고, 청년은 보다 많은 경험을 통해 통섭적인 관점과 책임감 및 전문적인 능력(Skill set)을 가진 인재를 지향해야 합니다.

넓게 파야 깊게 팔 수 있다.

마이데이터 시대에는 사업을 진행하는 데 있어, 데이터 양이 부족한 문제에 발목 잡히지 않을 수 있습니다. 물론 데이터를 직접 보유하고 가공하는 기업만큼 자유로운 활용을 보장받지 못합니다. 하지만 PDS 플랫폼 사업(챕터3 참고)과 공공 API 구축이 가속화되면, 기업의 역량에 따라 적극적으로 PDS 플랫폼을 이용하거나 전략적 제휴를 맺는 방식을 통해 이전보다 접근 가능한 개인 정보의 범위가 분명 넓어질 것입니다. 따라서 어떤 데이터를 모아서 어떻게 사용자에게 제공해줄 것인지가 매우 중요해질 것입니다. 즉, 앞으로는 데이터 수집 능력만큼이나 데이터 활용 능력을 개발해야 합니다.

데이터 활용 능력은 단순히 데이터를 '가져다가 사용한다'는 수준의 이야기가 아닙니다. 이는 데이터를 단순하게 추상화하여 잘 보여주는 것과는 분명한 거리가 있습니다. 비즈니스 모델 구체화 단계에서 언급했듯 DIKW 피라미드 (Data-Information-Knowledge-Wisdom) 구조를 지속적으로 고민해야 합니다. 단순히 사용자에게 적절한 정보 혹은 지식을 제공하는 것에서 더 나아가 의사 결정에 관여하는 '지혜(Wisdom)' 영역에 접근해야 합니다.

사용자의 의사 결정에 의미 있는 도움을 주기 위해서 우리는 데이터를 연결할 필요가 있습니다. 사용자의 의사 결정에 도움이 될 수 있는 지식을 전달하기 위해서는 보다 높은 정확도를 가진 예측 알고리즘을 구축해야 합니다. 알고리즘의 정확도를 높이는 방법은 매우 다양하지만, 마이데이터 사업에서 예측 정확도를 높이는 방법은 다양한 분야의 데이터 연결을 통해 사용자를 깊이 이해하는 것입니다. 사용자에 대한 깊은 이해를 바탕으로 사용자가 인지하지 못한 욕구까지 충족시켜 줄 수 있는 서비스 설계가 가능할 수 있습니다.

따라서 마이데이터 비즈니스를 설계하기 위해, 다학제적 전문 지식을 보유하여야 하며 여러 분야의 기업에서 보유한 다양한 성격의 데이터를 활용할 수 있어야 합니다. 넓지만 얕은 지식이 유리한 시대가 온 것일지, 넓고 깊은 지식을 습득할 때까지 땅을 파게 될지 모르는 일입니다. 하지만 분명한 것은 넓게 파야 합니다. 넓게 파야, 깊이 팔 수 있습니다.

혁신하거나, 사라지거나.

4차 산업혁명에 관한 이야기가 한참 쏟아져 나오던 시점에, '혁신', '대전환'과 같은 용어는 4차 산업혁명처럼 많이 언급되었습니다. 한 유명한 경영전략 분야의 구루는 혁신을 두고 다음과 같이 말했습니다.

"혁신하거나, 사라지거나."

사라지기를 원하는 기업은 없습니다. 그렇다면 남은 것은 혁신인데, 우리는 어떻게 작은 매일의 혁신을 이뤄낼 수 있을까요?

먼저, 사용자의 피드백을 적극적으로 수용하는 자세가 필요합니다. 이때 사용자의 피드백은 데이터에 기반하여 해석되어야 하며, 해석된 결과는 다시 내부 검토 및 개선을 통해 비즈니스에 반영되어야 합니다. 특히 마이데이터 정책과 관련하여, 서비스 개수 제한 가능성에 대한 논란이 점화되고 있습니다. 만약 서비스 이용에 제한이 있다면, 사람들은 마이데이터 사업자가 제공하는 서비스들을 반복적으로 비교하고 검증하며 서비스를 선택할 것입니다. 예측이 가능한 시나리오는 사용자가 마이데이터 사업을 분야(금융, 의료, 교통 등)별로 하나씩 사용하게 되는 것입니다.

그렇다면 사용자가 마이데이터 서비스를 선택하는 기준은 무엇일까요? 우리는 두 가지 측면을 고려해야 합니다. 첫 번째는 시장 선점 효과입니다. 시장 선점 효과는 특히 금융 분야에서 쉽게 확인할 수 있는데, 같은 간편이체 기능을 핀테크 서비스와 일반 금융사 앱 서비스에서 모두 제공하지만 사용자들은 여전히 핀테크 서비스를 이용하여 간편 뱅킹 기능들을 이용합니다. 이와 같은 사례에서 시장 선도자 전략 효과를 확인할 수 있는데, 시장 선점을 통해 소비자의 학습을 유발하여 고객을 선점하는 효과를 누릴 수 있으며 레거시(legacy)가 쌓인 고객은 다른 서비스로 잘 옮겨가지 않습니다. 두 번째 서비스 선택 기준은 높은 사용성이 될 수 있습니다. 같은 기능을 활용한 서비스를 제공한다면 사용자는 직관적이고 사용이 편리한 서비스를 선택할 것입니다. 따라서 사용자에게 선택받기 위해 끊임없이 최적의 경험을 설계하고, 사용자의 피드백을 수용하여 지속적인 개선을 이루어야 합니다.

지속 가능한 비즈니스를 위해 기업은 빠르게 움직이고, 바르게 변화해야 합니다.

마이데이터와
데이터

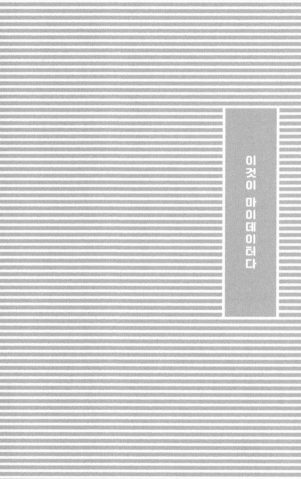

이것이 마이데이러다

01

데이터를 융합 및 활용하는 방법

구슬이 서 말이라도 꿰어야 보배.

마이데이터 활용의 중요 포인트는 데이터를 어떻게 '연결'하느냐입니다. 다양한 도메인의 데이터들을 기업 간 송수신을 하게 되면서, 모든 기업은 동일하게 '많은' 데이터를 확보할 수 있게 됩니다. 하지만 아무리 많은 양의 고객 데이터가 있어도 이를 하나로 꿰맬 수 없으면 아무런 소용이 없습니다. 이번 챕터에서는 이종 간의 데이터를 연결하여 하나의 서비스가 되기까지의 과정에 대해 이야기해보려 합니다.

전체 과정은 맛있는 요리를 만드는 것과 비교하면 이해하기 쉽습니다. 요리사는 시장에서 신선한 재료를 구매해서 요리 주제에 맞게 손질합니다. 재료들은 요리사의 손맛을 더해 맛있게 조리하여 손님에게 제공됩니다. 데이터를 다루는 것도 똑같습니다. 요리의 재료는 데이터이고, 최종 결과물은 데이터 기반의 서비스라는 차이가 있을 뿐입니다(표 4.1).

1) 요리 재료를 준비한다.	2) 재료가 신선한지 확인한다.	3) 메뉴에 따라 재료를 손질한다(ex. 깍둑썰기, 고기 밑간하기)	4) 맛있는 요리를 만들어 제공한다.
데이터를 준비한다.	데이터가 비어 있거나 문제 되는 건 없는지 확인한다.	목적에 따라 데이터를 조합해 새로운 파생변수, 통계량을 생성한다.	사용자에게 서비스를 제공한다.

[표 4.1] 요리와 마이데이터 활용 단계 비교

그렇다면 요리의 재료인 마이데이터는 어디서 구할까요? 요리 재료 구매를 원하는 마이데이터 사업자와 요리 재료를 판매하는 데이터 제공자는 '마이데이터 API'를 통해서 데이터를 주고받을 수 있습니다. 따라서 두 주체는 마이데이터 API 시스템을 구축해야만 합니다. API를 통해 데이터를 확보했다면, 가장 먼저 데이터 품질을 확인해야 합니다. 상한 재료로 요리를 하면 당연히 나쁜 음식이 나오는 것과 같은 이치입니다. 가령 인공지능 서비스를 만든다고 한다면 좋은 데이터를 활용해야 예측력이 높은 인공지능을 만들 수 있는 것과 같습니다.

요리재료	데이터

[표 4.2] 요리재료와 데이터

데이터에 문제가 없다는 것을 확인했다면 재료 손질을 시작합니다. 요리라면 깍뚝썰기나 어슷썰기를 하겠지만, 데이터는 통계량을 계산해보거나 데이터 구조를 바꿔볼 수 있습니다. 어떤 식으로 데이터를 처리할지는 어떤 요리를 하느냐에 따라 정해지게 됩니다.

자, 이제 요리를 시작해볼까요? 우선 데이터로 어떤 요리를 만들 수 있는지 알아보겠습니다. 데이터를 통해서 인사이트를 도출하는 것이 목표인지, 인공지능 모델을 만들어서 신규 사업 런칭이 목표인지 정해야 합니다. 인공지능 기반의 추천 시스템이 될 수도 있고, 사용자 자산 관리 서비스를 출시할 수도 있습니다. 그렇다면 단계별로 자세히 살펴보며 맛있는 데이터 요리를 만들어볼까요?

첫 번째 단계:
데이터 구축,
마이데이터 API를 통해
불러오자!

마이데이터 사업자와 데이터 제공 기업 사이에 데이터를 주고 받기 위해서는 마이데이터 API를 사용해야 합니다. 먼저 API가 도입된 배경을 조금 더 살펴보기 위해서, 기존의 핀테크 업체들이 타 금융사의 사용자 데이터를 불러올 때 사용했던 '스크래핑'과 비교하며 살펴보겠습니다.

스크래핑 vs API

스크래핑이란 쉽게 말해 인터넷 화면에 보이는 내용들 중에서 필요한 내용을 자동으로 추출&저장하는 기술입니다. 이 스크래핑을 활용해 핀테크 업체들은 고객의 자산 정보를 실시간으로 조회하고 있었습니다. 대표적인 핀테크 업체인 '뱅크샐러드'도 고객의 자산 정보를 스크래핑을 통해서 수집하고 있습니다(그림 4.1).

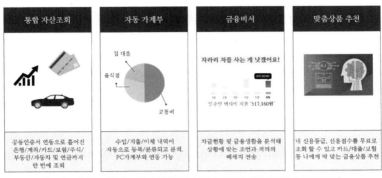

통합 자산조회	자동 가계부	금융비서	맞춤상품 추천
공동인증서 연동으로 흩어진 은행/계좌/카드/보험/주식/부동산/자동차 및 연금까지 한 번에 조회	수입/지출/이체 내역이 자동으로 등록/분류되고 분석. PC가계부와 연동 가능	자금현황 및 금융생활을 분석해 상황에 맞는 조언과 적격의 메세지 전송	내 신용등급, 신용점수를 무료로 조회 할 수 있고 카드/대출/보험 등 나에게 딱 맞는 금융상품 추천

[그림 4.1] 뱅크샐러드의 자산 관리 서비스 (출처=뱅크샐러드 홈페이지)

그렇다면 핀테크 업체가 은행사에서 '고객의 통장 잔고' 정보를 '스크래핑'하고 싶다면 무엇이 필요할까요? 크게 두 가지 요소인, 사이트 내에 통장 잔고 정보가 어떤 페이지에 있는지 '위치 정보'와 '고객의 비밀번호'가 필요합니다.

이때 스크래핑은 금융기관이나 공공기관이 데이터를 친절하게 '주는 것'이 아니라, 핀테크 업체가 직접 찾아서 '가져오는 것'입니다. 그러다 보니 데이터 제공자의 웹사이트 구조가 바뀌거나, 프로그램으로 스크래핑을 차단시키면 더 이상 서비스를 제공할 수 없게 됩니다. 특히 모든 은행사마다 사이트 구조는 제각각이기 때문에 핀테크 업체가 주기적으로 관리를 해야 합니다. 이 때문에 데이터를 주고받는 표준화된 절차가 필요했습니다.

보안에 대해서도 설왕설래가 있습니다. 연동한 은행사마다 고객의 비밀번호를 저장하고 있어야 하기 때문에, 유출될 경우 고객에게 심각한 손해를 끼칠 우려가 있어 정부에서는 이를 문제 삼고 있습니다. (참고: https://m.etnews.com/20180821000242) 이러한 맥락에서 다양한 기업들의 데이터를 '표준화된 절차'를 통해 "안전하게" 송수신하기 위해서 스크래핑 방식이 아닌 API 방식이 필요하게 됐으며, 마이데이터 사업의 스크래핑은 법적으로 금지되었습니다.

API 개발하기

현재 마이데이터 API의 사용법은 금융보안원에서 운영하는 "마이데이터 테스트 베드(https://developers.mydatakorea.org/mdtb/)"에서 자세하게 API 개발 규격과 테스트 환경을 제공하고 있습니다. 특히 주목할 것은 안전한 API를 운용하기 위해 금융보안원에서 마이데이터 사업자에게 마이데이터 서비스가 표준API 규격에 적합하게 개발되었는지의 여부 등에 대해 심사를 진행해야 하는 의무를 부과한 점입니다. 이 심사는 크게 기능적합성 심사와 보안취약점 점검 두 가지로 나뉩니다(그림 4.2).

기능적합성 심사는 마이데이터 서비스가 표준 API 규격을 준수하는지의 여부를 확인하는 심사입니다. 개발이 완료된 마이데

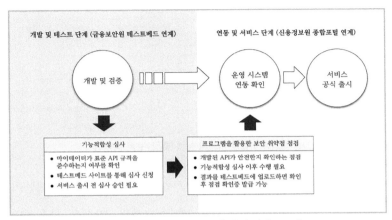

[그림 4.2] 마이데이터 서비스의 출시 전 점검 프로세스

이터 서비스는 테스트베드 사이트를 통해 기능적합성 심사 신청이 가능하며, 서비스 출시 이전 심사 승인을 받아야 합니다.

보안취약점 점검은 말 그대로 API가 안전하게 개발되었는지를 확인하는 점검입니다. 마이데이터 사업자는 기능적합성 심사를 마친 마이데이터 서비스를 대상으로 보안취약점 점검을 수행하여야 합니다. 보안취약점 점검 수행 결과를 테스트베드에 업로드하면 금융보안원 관리자가 이를 확인 후 점검 확인증을 발급하게 됩니다.

이 두 가지 심사를 받고 통과해야만 데이터를 주고받을 수 있습니다. 사용자의 중요한 개인정보를 주고받는 것이기 때문에 굉장히 중요한 단계이고, 이러한 검사를 통해 보안에 대한 위험성을

상품명	자산관리서비스 연동을 위한 마이데이터 Plug in	개인신용정보 보유기관을 위한 마이데이터 Open Box	금융상품 판매 채널 확대를 위한 마이데이터 F-Info	마이데이터 사업자를 위한 마이데이터 All-in-One
판매 대상	마이데이터 사업자가 아니지만 개인신용정보를 활용한 자산관리서비스를 제공하는 기관	개인신용정보 보유기관으로 마이데이터 전송 요구권에 대응해야 하는 기관	자사의 금융상품을 다양한 핀테크 서비스와 연계하여 판매채널을 확장하려는 기관	마이데이터 비즈니스를 위해 데이터 보유기관과 연결하는 플랫폼 구축이 필요한 기관

[그림 4.3] API 설계 업체의 상품 (출처=쿠콘 홈페이지)

줄일 수 있을 것으로 예상됩니다. 특히 기존에 핀테크 업체들이 사용자의 금융 데이터를 불러올 때 '스크래핑' 방식을 활용했던 것과 비교하면, 고객과 마이데이터 사업자 모두 안심하고 더욱 안전하게 이용할 수 있을 것으로 보입니다.

복잡하다면 복잡한 이러한 과정들을 정보제공자와 마이데이터 사업자 모두가 진행해야 합니다. 중소형 정보제공자들은 이러한 시스템 설계를 위한 추가 인력을 고용하는 것이 부담일 수 있습니다. 이를 위해 챕터1에서 설명했듯, 국가가 지정한 중계기관들이 대신해서 데이터를 송수신 할 수 있는 부분이며, 자체적으로 API 시스템을 설계해야 하는 기업들도 API 설계를 대신 해주는 SI(System Integrator) 업체들도 있으니 안전하고 꼼꼼하게 API 설계를 해야겠습니다(그림 4.3).

03

두 번째 단계: 데이터 품질 체크 - 사용 가능한 변수, 불가능한 변수를 확인한다.

일반적으로 인공지능은 모델 학습에 사용되는 데이터 양이 많으면 많을수록 성능이 올라간다고 알려져 있습니다. 하지만 '많은 양의 데이터'를 확보하는 것만이 능사는 아닙니다. 분석을 위해서는 '좋은 데이터'를 '많이' 가지고 있어야 합니다. 그렇다면 '좋은' 데이터를 판단하는 기준은 무엇일까요? 상황에 따라서 달라질 수 있지만 '겉이 멀쩡한가'와 '속이 멀쩡한가' 두 가지로 나눠볼 수 있습니다.

각각을 예시를 통해서 이해하고 해결 방법에 대해서 살펴보겠습니다.

겉이 멀쩡한가?

겉이 멀쩡한가는 데이터베이스 관리 측면에서 발생할 수 있는 모든 문제들에 해당하며, 일반적으로 데이터 정합성과 데이터 무결성을 체크하면서 이를 확인하게 됩니다. 데이터 정합성을 확인하는 것은 '데이터들의 값이 서로 일치하는가?'를 뜻합니다. 마이데이터는 여러 기업들에서 데이터를 불러옵니다(표 4.3). 한 명의 사용자에 대해서 기업마다 보유하고 있는 데이터들은 제각각이겠지만 같아야 하는 정보들은 있기 마련입니다. 가령 같은 고객인데 데이터마다 자택 주소가 다르다면 데이터 정합성 문제가 발생한 것입니다.

A 은행

고객	자택 주소
인연준	서울특별시 영등포구 마이데이터로 134

B 보험사

고객	자택 주소
인연준	경기도 광주시 마이데이터로 134

[표 4.3] A은행, B보험사에서 각각 받은 정보 예시

데이터 무결성을 확인하는 것은 '데이터의 값 자체가 신뢰할 수 있는가(정확한가)?'를 뜻합니다. 가령 마이데이터로 '주류 상품

구매 여부'라는 정보를 받아왔는데, 자사의 고객 중 '주류 상품 구매 정보'가 있는 사용자는 전체의 1%도 되지 않는다면, 데이터 값을 신뢰할 수 있는지 점검이 필요합니다(표 4.4) (정보제공자가 제공해야 할 데이터 중에 주류 상품 구매 여부라는 정보는 없으며, 예시입니다.)

고객	주류 상품 구매 여부
조영은	null
...	null
...	null
이혁빈	

[표 4.4] 주류 상품 구매 여부 정보 예시

따라서 데이터를 API를 통해서 받아오더라도 무조건 맞다고 확신하지 말고 겉이 멀쩡한지, 데이터 정합성과 무결성을 확인하는 과정이 필요합니다. 그렇다면 어떻게 확인할까요? 많은 방법들이 있지만, '마이데이터'를 다루면서 발생할 수 있을 법한 사례와 데이터 분석가들은 이를 어떻게 다루는지 짧게 살펴보겠습니다.

데이터 테이블에 비어 있는 데이터(이하 null값) 확인

앞서 설명했던 데이터 무결성 문제를 다시 살펴볼까요? 데이터를 확인해보니 '주류 상품 구매 정보'가 있는 사용자가는 전체의

1%뿐이었습니다. 데이터 무결성을 확인한 결과, 데이터 값 자체가 잘못된 건 아닌 걸로 밝혀졌습니다. 그렇다면 이 데이터는 필요한 정보일까요? 혹은 필요 없는 정보일까요? 이를 의사결정하기 위해서는 분석을 해야 합니다. 데이터가 비어 있는 것(null값)은 크게 3가지로 해석할 수 있습니다.

- 1. 정보가 아직 결정되지 않았다.
- 2. 이 변수는 해당 고객에게 적절하지 않다.
- 3. unknown(모른다)

각각의 케이스를 예시를 통해 설명해보겠습니다.

- 1번 케이스: e-커머스 서비스에 회원가입을 한 지 1시간이 지난 고객이 있습니다. 아직 어떤 물건을 사야할지 모르겠고, 서비스를 탐색 중이라면 물품 구매 이력이 없을 것입니다. 회원가입을 해서 개인정보는 서버에 있기 때문에 마이데이터 API로 받아오더라도 데이터는 null값입니다.
- 2번 케이스: 회원가입을 하고 여러 카테고리의 상품을 구매한 이력은 있지만 '주류' 카테고리에는 데이터가 null값입니다. 알고 보니 이 고객은 20세 미만의 고객이군요! 이 변수는 해당 고객에게 적절하지 않습니다.

– 3번 케이스: 정말로 모릅니다. 어떠한 이유에서 비어 있는 값이 생긴 건지 아무도 모릅니다. 시스템의 장애로 로그 수집에 문제가 발생했을 확률도 있습니다. 이런 케이스가 가장 취약하고 문제가 됩니다.

1번과 2번의 케이스는 쉽게 해석하고 판단할 수 있습니다. 그러면 3번 unknown 케이스로 데이터의 많은 양이 null값이라면 이는 쓸모없는 정보와 데이터일까요? 아닙니다. unknown null값도 시간에 따라서, 특정 조건에 따라서 일정한 패턴이 발생된다면 그 자체로 유의미한 정보로 활용될 수 있습니다. 또한 머신러닝 일부 모델들은 null값의 패턴을 스스로 학습하여 결과물을 생성하기도 합니다. 즉, 모든 데이터의 '쓸모'는 하나도 남김없이 '분석'을 통해서 결정해야 합니다.

중복 케이스 제거

추가적으로 전자금융업과 카드, 은행/카드업의 데이터를 불러올 때 중복 가능한 케이스를 처리하는 것도 데이터의 겉을 멀쩡하게 하는 작업입니다. 최근 네이버페이, 카카오페이, 페이코 등의 간편 결제 서비스들을 많이들 사용합니다. 자신이 사용하는 카드를 등록해서 카드 바로 결제를 한 번쯤은 사용해보셨을 겁니다. 이러한 시스템을 사용해서 사용자가 A라는 매장에서 간편 결제를 하게 되면 전자금융업에도 데이터가 남게 되고, 카드사에도 데이터가 남게 됩니다.

카드사 데이터

항목	정의
승인번호	카드 승인 시 각 사에서 발행한 번호
결제유형	신용카드/ 체크카드
사용 일시	고객이 결제한 날짜와 시간
사용처 정보 (가맹점명)	결제한 곳의 가맹점 명칭
이용 금액	이용한 금액

전자금융업 데이터

주문번호	전자금융업에서 발행한 주문번호
결제 일시	고객이 결제한 날짜와 시간
결제 금액	이용한 금액
결제 수단 기관	거래 대상 금융회사의 식별 키
결제 수단 식별키	1. 카드 2. 은행 3. 선불(충전식)
가맹점명	결제한 곳의 가맹점 명칭
결제 방법	오프라인 결제/ 온라인 결제

[표 4.5] 카드사와 전자금융업 제공 데이터

마이데이터 사업자 입장에서는 같은 데이터가 다른 회사에서 두 번 불러오게 되는 것입니다. 이러한 사실에 대해서 모르고, 카드 간편결제 서비스를 사용하는 사용자의 일 결제 금액을 계산하면 잘못된 값을 얻게 됩니다. 현재(5월 12일 기준) 마이데이터에서는 공식적으로 같은 결제 건인지를 구별할 수 있는 방법을 제공할 계획은 없다고 발표했기 때문에, 데이터 분석가가 해당 케이스를 필터링할 수 있게 알고리즘을 만들어야 할 것입니다.

속이 멀쩡한가?

속이 멀쩡하지 않아서 최근 문제가 됐던 대표적인 사례가 'AI 챗봇 이00'입니다. 해당 AI 챗봇에게 성소수자에 대해 어떻게 생각하냐고 질문했을 때, 싫어한다거나 혐오한다는 답변을 하는 경우가 있어 동성애를 혐오하는 것이 아니냐는 논란이 생겼습니다. 그렇다면 AI는 왜 그런 대답을 했을까요?

AI 챗봇은 사람의 대화 데이터를 학습하고, 학습된 데이터를 바탕으로 질문에 대답을 만들어냅니다. 뿌린 대로 거두는 게 AI라고 생각하면 쉽습니다. 일반적인 범주를 벗어난 대화가 AI 챗봇에게 주어지면 AI 챗봇은 일반적이지 않은 대답을 하고, 보편적인 대화가 주어지면 AI 챗봇은 보편적인 대답을 하게 됩니다. 따라서 '어떤 사람의 대화', 즉 "어떤 데이터"로 학습시켰는지가 굉장히 중요합니다. 이번 사건은 일반적이지 않은 대화, 속이 멀쩡하지 않은 데이터가 챗봇 학습에 주어졌기 때문에 문제가 발생했던 것입니다.

'AI가 사회적 물의를 일으킨 사례는 국내뿐만 아니라 해외에도 많습니다. 특히 해외에서는 'AI가 흑인 얼굴을 인식하지 못했다'라는 인종차별 문제가 가장 많이 발생했습니다. 이에 대해 자세히 탐색한 넷플릭스 다큐멘터리도 방영됐으며, 실제로 미 국립표준기술원(NIST)에 따르면 2019년 마이크로소프트(MS) 제품을 포함해 189개 안면인식 AI를 분석한 결과, 흑인 및 아시아계에 대한 오류 비율이 백인보다 10~100배 높았다고 합니다.[13]

이런 문제가 발생한 것의 근본적인 원인도 역시 '데이터'입니다. 의도적이든 아니든 AI에게 '속이 멀쩡하지 않은 데이터'를 전달했기 때문입니다.

일반적이지 않은 데이터, 보편적이지 않은 데이터가 문제될 때 데이터 사이언티스트의 언어로는 "데이터에 편향(bias)이 존재한다"라고 합니다. 우리가 살고 있는 세상은 다양한 성격, 스타일, 취향을 갖고 있는 사람들로 구성되어 있습니다. 하지만 기업이 모든 사람들의 데이터를 수집할 수는 없으며, 언제나 기업은 전체의 '표본'을 데이터로 수집하게 됩니다. 그 일부분의 데이터가 '전체 사

---

13 출처(https://www.donga.com/news/article/all/20201231/104708567/1)

람'들을 대표할 수 있다면 문제가 없지만, 특정 사람에 집중되어서 데이터를 수집하게 된다면 데이터에 '편향'이 발생하게 됩니다. 다양한 사람들이 남긴 다양한 데이터를 AI가 학습해야 '편향적이지 않은 인공지능'이 개발됩니다. 이는 마이데이터에서도 마찬가지입니다.

A 보험사

- 주 고객이 2030세대
- 마이데이터로 상품 추천 알고리즘 개발 예정

마이데이터는 '자사의 고객'이 '다른 회사에서 남긴 데이터'에 접근할 수 있습니다. 따라서 각 기업이 가질 수 있는 사람들의 '표본' 자체는 변하지 않습니다. 따라서 A보험사는 2030세대의 데이터로 '편향'이 발생합니다. A보험사는 20~30대의 마이데이터를 확보할 수 있고, 2030세대의 패턴에 대해서 인공지능이 학습하여 상품 추천 알고리즘을 개발했습니다. 이에 60대 고객이 회원가입을 해서 서비스를 이용했을 때 2030세대에 초점이 맞춰졌기 때문에 뜬금없는 추천 결과가 나올 가능성이 있습니다. 그렇다면 이런 편향을 해결하기 위해 어떤 고민들이 필요할까요?

데이터의 편향을 해결해보자.

1. 편향이 서비스 품질 문제로 연결 되나?

편향이 꼭 '프로그램'으로 연결되지 않을 수 있습니다. 가령 '여성 전문 금융 서비스'라면 남성에 대한 데이터가 없어도 되고, 여성에 편향적인 게 당연합니다. 간단한 예시지만 서비스 타깃 고객이 명확하고, 더 이상 확장할 필요성이 없다면 편향이 있는 게 문제가 되지 않을 수 있습니다.

자, 그렇다면 A보험사처럼 2030세대에 편향되어서 6070세대의 데이터가 적다고 가정해봅시다. 이로 인해 인공지능 추천 서비스를 만들었지만 6070세대의 클릭률 지표에 현저하게 악영향을 끼치고 있습니다. 그렇다면 프로그램을 해결해야 할까요?

2. 편향을 해결하면 비용과 이익은 얼마나 발생하는가?

편향이 서비스 품질 문제로 연결되더라도 지금 당장 해결해야 하는 것은 아닙니다. 우리에게 친숙한 유튜브의 영상 수익 단가를 생각해보면 그 이유를 알 수 있습니다. 유튜브는 '실제적인 소비층'이 영상을 시청할 때 더 높은 광고 수익을 크리에이터에게 부여합니다. 고객마다 가치를 다르게 측정하는 것이죠.

편향을 해결할 때도 똑같습니다. 10대의 데이터가 부족하고 30~40대의 데이터가 많다고 생각해봅시다. (10대 고객이 가져다 줄 기대 이익) - (10대의 고객 데이터를 확보하는데 발생하는 비용) 을 계산 했을 때 기업 입장에서 충분히 시도해볼만한 가치가 있는지, 오히려 30~40대의 편향된 데이터로 알고리즘을 학습하는 것이 더 메리트 있는 건 아닌지 계산해보는 거죠. 고객들은 같은 가치를 갖는 게 아니기 때문에 오히려 한쪽에 편향된게 전체적으로 봤을 때는 더 좋을 수 21.06.20 본문 회의 4 있습니다. (물론 이렇게 한쪽에 맞춘다고 했을 때, AI 챗봇 이00이나 흑인 인종 차 별과 같은 윤리에 어긋나는 문제가 발생하지 않는지도 확인해야 합니다.)

3. 편향은 어떻게 해결해야 하나?

서비스 이용자의 특성에 따른 편향 문제는 데이터 사이언스 (Data Science) 기술로 해결할 수 있는 다양한 방법들이 있고 크게 '부족한 데이터를 생성하는 문제'와 '부족함에도 불구하고 잘 작동하는 AI 만들기' 두 가지 측면으로 해결할 수 있습니다. 대표적인 기술 키워드는 data generation, few shot learning, unseen data forecasting 등이 있으며, 계속해서 발전해가고 있는 딥러닝 분야들입니다.

하지만 아쉽게도 이러한 방식으로도 AI가 사회구조적 편견이 섞인 데이터들을 걸러내긴 어렵습니다. 사회 정서, 문화 등이 급변하면서 모든 경우의 수를 찾아내는 것은 힘이 듭니다. 이 때문에 일단 서비스를 시작하면서 점진적으로 보완해 나가는 것을 멈춰서는 안 됩니다.

지금까지 데이터의 겉과 속이 멀쩡하지 않은 사례들과 해결 방법들에 대해서 살펴보았습니다. 마이데이터 API로 데이터를 자동으로 불러오더라도 불러온 후에 어떻게 데이터를 바라보느냐에 따라서 데이터의 품질은 현저한 차이를 보이게 되며, 곧 서비스의 품질로 연결되기 때문에 다시 한 번 강조합니다. 또한 마이데이터는 자사가 구축한 데이터가 아니기 때문에 두 번 세 번 확인하여 데이터 품질을 확인해야 합니다.

추가적으로 어떻게 하면 기업에서 데이터 품질을 잘 관리할 수 있는지 관심이 있다면 한국데이터산업진흥원에서 운영하는 '데이터 인증제도'에 대해서 살펴보는 것도 추천합니다. 데이터 품질인증이란 기업, 기관에서 구축·활용 중인 데이터베이스의 데이터 자체에 대한 품질 영향 요소 전반을 도메인, 업무규칙을 기준으로 심사·심의하여 인증하는 제도입니다. 이를 통해 데이터 품질을 점검할 수 있는 자세한 사항들에 대해서 가이드를 확인할 수 있습니다.

또한 '데이터 품질 대상 제도'를 통해 매년 데이터 정합성, 무결성 등을 심사하여 우수한 기업에게 장관상을 수여하는 시상제도도 있습니다. 작년에는 kb국민카드가 수상했는데, 데이터 품질도 체크하고 대외적으로 기업의 신뢰성도 높일 수 있는 좋은 기회입니다.

04

세 번째 단계: 정보 추출, 다양한 고객 정보들을 통합하여 새로운 정보를 만든다.

'엔티티'를 조합하여, 새로운 컬럼(변수)을 생성하라.

'7월 23일'에 '39세' '남성' '호준' 고객님이 '음식' 업종 매장에서 '삼 만원'을 결제했습니다.

이 정보를 C업체가 자동 수집하고 있는 데이터라고 생각해봅시다.

호준이의 데이터뿐만 아니라 수십만 명의 고객이 있고, 이를 수집하여 데이터베이스에 테이블 형태로 저장되고 있을 것이며, 아래와 같은 형식으로 정리할 수 있습니다.

이름	성별	나이	업종	결제금액	결제시간
호준	남성	39세	음식	30,000	2021-07-23 23:04:59
수연	여성	26세	패션/의류	12,000	2021-07-24 08:49:12
지승	남성	30세	화장품	9,000	2021-07-23 12:04:38
주하	여성	26세	화장품	24,000	2021-07-23 08:51:13

[표 4.6] 사용자 결제 데이터 예시

이제 우리는 이 데이터를 바탕으로 '분석'을 해야 합니다. 먼저 분석의 목적을 설정해볼까요? C업체의 분석 목적은 '사용자가 얼마나 소비하는지 예측하기 위해서'라고 가정하겠습니다. 지금과 같은 구조에서도 다양한 정보들을 볼 수 있지만 데이터 구조를 바꿔서 숨어 있는 정보와 패턴들을 찾아보겠습니다.

정보를 추출하는 가장 쉽고 효과적인 방법은 데이터를 '엔티티 단위'[14]로 쪼개고, 이를 다시 새롭게 조합해보는 것입니다.

데이터를 쪼개는 것이 어려워 보이지만, 데이터가 어떻게 수집됐는지를 생각하면 됩니다. 즉, 사용자의 행동이 데이터가 되기까지의 과정을 상상해보는 것입니다. 예시 데이터를 다시 살펴보겠

14 엔티티(entity): 사람이 생각하는 개념이나 정보 단위와 같은 현실 세계의 대상체. 실세계에 존재하는 유형 혹은 무형 정보의 대상이며, 서로 구별되는 하나하나의 대상을 의미합니다. 데이터가 저장되는 어떤 것(thing)이라고 생각하면 쉽습니다.

습니다. ['7월 23일'에 '39세' '남성' '호준' 고객님이 '음식' 업종 매장에서 '삼만원'을 결제했다.] C업체가 수집한 데이터의 주요 엔티티로 '특정 사람'이, '특정 시간'에, '특정 업종'에서, '특정 금액'을 수집할 수 있습니다. 그러면 이 4가지를 엔티티로 설정하고 데이터를 쪼개보겠습니다.

- 사람
  ○ 성별, 나이
- 시간
  ○ 요일, 시간, 휴일 유무, 월
- 업종
  ○ 업종 대분류, 업종 소분류
- 금액
  ○ 결제 금액, 결제 방식, 할부 유무

엔티티를 쪼갰으면 이제 여러 엔티티를 조합해서 새로운 변수를 만듭니다. 보통 분석의 결과물, 서비스의 핵심 목표를 중심에 두고 변수를 생성합니다. 우리의 서비스 목적은 '사용자 소비 예측'이었습니다. 이에 해당하는 '결제 금액' 변수에 초점을 맞춰서 찾을 수 있는 변수들은 아래와 같습니다.

- [나이] + [결제 금액]
  - 나이에 따른 결제 금액의 '평균', '표준편차'의 통계량들은 얼마인가?
  - ex) 20대는 평균적으로 10,000원을 쓴다.
- [시간] + [결제 금액]
  - 사용자가 가장 많이 '결제' 하는 시간은 언제인가?
  - 고객의 시간대별 결제 평균량은 얼마인가?
- [업종] + [결제 금액]
  - 업종에 따른 '평균 결제' 금액
- [업종] + [시간] + [결제 금액]
  - 업종에 따른 시간대별 평균 금액

새로운 변수를 만들 때 가장 많이 만드는 정보는 '평균' 입니다. 평균은 곧 일반적인 사용자들을 수치적으로 표현한 것입니다. 따라서 평균 값을 사용하면 고객마다 평균과 얼마나 떨어져있는지를 알 수 있습니다. 본문에서는 결제 금액을 예시로 사용했기 때문에 평균보다 많이 소비한다, 평균보다 적게 소비한다 라는 정보를 추출하게 되는 겁니다.

이렇게 다양한 파생변수들을 생성했으며, 이를 통해 '사용자'를 더 잘 이해할 수 있게 됐습니다. 이제 아래와 같은 테이블로 다시 만들 수 있습니다. 우리가 만든 파생변수 이외에도 도메인 지식에 따라서 '중요하다고' 생각되는 정보를 얼마든지 넣을 수 있습니다.

이름	결제금액	나이	업종	결제시간	평균_나이_결제금액	평균_시간_결제금액	평균_업종_결제금액
호준	30,000	39세	음식	2021-07-23 23:04:59	50,000	12,400	10,000
수연	12,000	26세	패션/의류	2021-07-24 08:49:12	15,000	3,000	40,000
지승	9,000	30세	화장품	2021-07-23 12:04:38	23,000	9,000	5,000
주하	24,000	26세	화장품	2021-07-23 08:51:13	15,000	3,000	5,000

[표 4.6] 사용자 결제 데이터 변수 생성 예시

이쯤에서 마이데이터 사업을 생각해봅시다. 우리는 C업체 데이터 분석가이고, C업체에서 수집된 데이터만을 사용했습니다. 하지만 마이데이터로 타사의 데이터를 사용할 수 있게 된다면 고객의 행동을 표현할 수 있는 데이터가 늘어나게 됩니다. 이를 통해 데이터 분석가는 크게 3가지 이점을 얻을 수 있습니다.

1. 기존 정보의 정확성 향상

파생변수를 만들 때 '평균', '표준편차'와 같은 통계량 값들을 만들었다는 것을 눈여겨봅니다. C업체의 고객이 10만 명이었을 때 통계량 값을 산출하는 것과 C업체뿐 아니라 D업체와 E업체 등 같은 데이터를 다양한 은행에서 수집하면 표본을 늘리는 효과를 얻을 수 있습니다. 이러한 통계량들의 목적은 모집단의 성향을 파악하기 위함입니다. 표본이 많고, 다양한 집단(다양한 은행 서비스)에서 추출될수록 대표성과 신뢰성이 올라가기 때문에 굉장히 중요합니다. 궁극적으로 C은행 '남성' 고객의 '결제 금액' 데이터가 아니라 '은행'을 사용하는 '남성'의 '결제금액'으로 확장할 수 있게 됩니다.

2. 데이터의 다양성 확보

사용자 단위로 보면 C업체는 'C업체에서의 사용자들의 행동'만을 데이터로 갖고 있었고, 다른 은행사에서는 사용자가 어떤 모습을 보이는지 모릅니다. 하지만 같은 은행이라도 제각각 다른 상품과 다른 색깔을 띠기 마련입니다. 당연히 다른 서비스에서 사용자는 다른 모습을 보일 수 있는 것입니다. 가령 A라는 사용자가 C업체에서는 소비 금액이 크지 않아서 잠재가치가 작은 고객이지만, D업체에서 훨씬 많은 금액을 소비하고 있을 수 있습니다. 주거래 은행이 달랐던 것입니다. 그렇다면 사실은 A고객은 예상보다 잠재가치가 훨씬 크다고 판단할 수 있습니다.

3. 새로운 엔티티 정보 추가

C업체에서는 고객을 나타낼 수 있는 변수가 한정적이었습니다. 하지만 유통회사, 카드회사, 보험회사 등 다양한 산업군에서 고객에 대한 추가 데이터를 수집할 수 있습니다. 새로운 데이터는 곧 새로운 엔티티로 분석에 활용됩니다. C업체 온라인 '음식' 카테고리에서 많은 소비를 보이던 고객이 오프라인에서는 전혀 다른 소비 패턴을 보일 수 있습니다. 이처럼 우리의 데이터를 더욱 풍부하게 만들 수 있는 기회를 창출하게 됩니다.

새로운 미래로의
전환

이것이 마이데이터다

마이데이터의 미래, 거부할 수 없는 흐름

요즘 기업들이 내세우는 디지털 기업으로의 전환(Digital Transformation, 이하 DT)을 들어보신 적 있나요? DT는 디지털 기술을 사회 전반에 적용하여 전통적인 사회 구조를 혁신시키는 것을 뜻합니다. '혁신'이라는 말 때문에 대단해 보이지만 아날로그, 오프라인에서 이루어지던 결제, 쇼핑, 생산 등을 디지털로 옮기고, 디지털 데이터로 기록하는 것도 DT의 일환입니다.

가장 중요한 핵심은 단순히 이렇게 수집한 데이터를 쌓아두는 것에 그치지 않고, 데이터를 유기적으로 연결하고 활용하는 것입니다. 이러한 DT는 IT기업에서는 당연하며 은행사, 제조사 등 IT기술의 발전 이전부터 있던 산업군들에서도 하나 둘씩 실천을 통해 기업의 체질 변화에 시동을 걸고 있습니다. 이처럼 빠르게 DT에 성공한 기업들은 각자의 산업군에서 독보적인 위치를 차지하고 있습니다.

대표적으로 성공적인 DT 전략을 펼친 글로벌 기업 사례로는 스타벅스가 있습니다. 스타벅스는 2007년 컨슈머 리포트에서 맥도날드 커피보다 기업 가치가 낮은 평가를 받았고, 그 당시에 고점 대비 주가는 42%가량 폭락하고 있었습니다. 이때 2008년 CEO 주도 하에 DT 전략을 적극적으로 추진하며 기업을 변화시키기 시작했습니다. 오프라인으로 이루어지던 결제를 모바일로 옮긴 사이렌 오더, 차량 번호 등록으로 자동 결제하는 '마이 디티 패스(My DT Pass)' 등 차근차근 스타벅스에 IT를 입혀 스타벅스만의 디지털 트랜스포메이션을 구축한 결과 독보적인 성장을 이뤄냈습니다

그런데 혹시 스타벅스를 이용하면서 '나의 데이터'를 잘 이용해서 나에게 도움이 되는 '서비스'로 돌아오고 있다고 느낀 적이 있나요? 가령 내 취향을 너무 잘 알아서 음료를 척척 추천해주는 서비스를 받은 적이 있나요?

현재는 모바일 서비스와 오프라인 매장에서 축적한 데이터가 매장의 운영이나 물류 최적화 등 비즈니스 운영적 측면에서 사용되고는 있지만, '고객의 데이터'가 유기적으로 연결되고 활용되어

'고객에게' 완전하게 맞춤형 서비스의 모습으로 되돌아가는 서비스는 아직 없어 보입니다. 비교적 빠르게, 성공적으로 DT를 정착시킨 스타벅스조차도 DT의 핵심이 되는 '데이터'를 활용하여 '고객'에게 돌아가는 서비스는 아직 완성하지 못했습니다. 그리고 앞으로도 쉽지 않으리라 생각됩니다. 그 이유는 무엇이며, 고객에게 '데이터가 대부분 돌아간다'는 말은 어떤 의미일까요?

우선, 현재 서비스들의 데이터 수집 및 활용 상황을 살펴보겠습니다. 앞서 말씀드린 DT에 성공한 기업들은 기본적으로 데이터를 '잘 수집'하게 되었습니다. 보다 정확히는 '자사의 데이터를 잘 수집'할 수 있게 된 것입니다. 하지만 하나의 서비스에서 대부분의 고객은 제한된 특징만을 보입니다. 스타벅스는 커피 주문에 대한 데이터만을 볼 수 있고, 맥도날드는 햄버거 판매에 대한 데이터만을 볼 수 있습니다. 하지만 소비 성향은 사람마다 다릅니다. 커피는 편의점 커피를 즐겨 마시지만, 옷에는 돈을 아끼지 않는다든가, 그 반대의 경우도 있습니다. 또 한 서비스는 다른 서비스의 영향을 받게 됩니다. 이번 달에 소비를 많이 했다면 은행 저축이 줄어드는 것처럼 서로 영향을 주고받습니다.

따라서 단 하나의 서비스에서 발생하는 데이터만 보고 그 사람을 파악할 수는 없습니다. 그러다 보니 기존의 패러다임으로는 사용자의 다양한 분야에서의 데이터를 유기적으로 연결하고, 사용자의 취향을 반영하여 개인에게 최적화된 맞춤형 서비스를 제공한다는 것은 굉장히 어려울 수밖에 없습니다. 서비스는 사용자의 극히 일부 모습만을 수집하고 활용할 수 있기 때문입니다.

그리고 이러한 한계점은 마이데이터 사업의 본격화로 인해 변곡점을 맞이하게 됩니다. 한 서비스에서 개인의 파편화된 데이터를 보는 것에서 전체 데이터를 볼 수 있게 되고, 진정한 의미에서의 '맞춤형, 초개인화 서비스'가 시작될 것입니다. 즉, '고객의 데이터'가 점점 더 높은 확률로 고객에게 맞춤형 서비스로 되돌아갈 수 있게 된다는 것입니다. 물론 아직 가야할 길은 많이 남았습니다. 이제 겨우 금융 분야에서 마이데이터가 시작되었고, 의료, 유통, 쇼핑 등 아직 열리지 않은 데이터들이 많습니다. 반대로 생각하면 그만큼 새로운 가능성이 무궁무진합니다.

따라서 마이데이터 산업의 흐름에 성공적으로 올라타기 위해서 기업들은 기본적으로 '데이터'를 활용하는 것에 대한 이해도를 높이고, '마이데이터 규제 변화'를 지속적으로 모니터링하여 발 빠르게 움직여야 할 것입니다. 이는 기술력을 기반으로 다양한 데이터를 융합하여 '사용자의 데이터'를 점점 더 높은 확률로 사용자에게 제공하기 위함입니다.

마지막으로 이번 챕터에서는 앞에서 설명했던 내용들을 복습하는 한편, 마이데이터 서비스를 시작할 예정이거나 관심 있는 업체나 개인이 고려해야 할 사항을 함께 살펴보겠습니다.

1. 데이터 연동 없이도 완전한 서비스여야 한다.

마이데이터 연동을 하지 않아도 충분히 효익을 느낄 수 있는 서비스를 설계해야 합니다.

선택적 정보 활용(이용) 동의를 하지 않아, 제대로 된 서비스를 이용할 수 없다고 한다면 그것이 과연 '선택적 동의'의 의미를 가질 수 있을까요? 선택적 동의는 말 그대로 사용자가 동의 여부를 '선택'할 수 있도록 해야 합니다. 데이터를 연동하지 않고도 서비스는 사용자에게 최소한의 유용함을 제공해주어야 합니다. 데이터 연동 범위에 따라 단계적으로 서비스를 설계하여 신뢰 관계를 구축한 이후 데이터 연계를 유도하거나, 정보 이용 동의에 따른 효익을 직관적으로 명시해서 사용자가 자발적으로 이용 동의를 할 수 있도록 하는 설계가 필요합니다.

또한 서비스에 기꺼이 예민한 개인 정보를 활용할 수 있을 만큼 효용성이 있어야 합니다.

단계적 서비스 설계를 통해, 더 구체적이고 정확한 정보 획득을 원하는 사용자에 한하여 마이데이터 연동을 요구할 수 있습니다. 이 과정에서도 어떤 데이터들이 어떠한 목적으로 수집되고 활용되는지 명시해야 하며, 이러한 정보는 사용자들이 쉽게 이해할 수 있도록 평이한 단어를 사용하여 어렵지 않게 풀어서 작성해야 합니다.

결국은 고객입니다.

마이데이터 사업은 개인에게는 데이터 주체로서의 권리를 보장해주고, 기업에게는 데이터 수집의 어려움을 낮춰줄 수 있는 사업입니다. 하지만 이를 단순히 '정보를 많이 모을 수 있는' 사업으로 접근하기보다, 사용자를 위한 서비스를 제공하기 위해 '부족한 정보를 공급받을 수 있는' 서비스로 접근해야 합니다. 즉 사용자에게 어떤 서비스가 필요한지 먼저 설계해야 합니다.

명확한 서비스를 위해 사용자를 구체화하고 대상의 미충족 욕구(Unmet Needs)를 만족시키기 위한 데이터(Data for Critical Path)를 수집하는 과정을 통해 마이데이터 사업을 진행할 수 있습니다.

2. 마이데이터 가이드를 꾸준히 챙기자.

마이데이터 산업을 가능하게 만든 데이터 3법(개인정보보호법·정보통신망법·신용정보법 개정안)은 2020년 1월에 국회를 통과해 2020년 8월부터 시행되고 있습니다. 시행한 지 얼마 되지 않았으며, 앞으로 어떻게 법적인 변화가 있을지 예측하기 어려운 상황입니다. 이를 위해 주기적으로 정부에서 업로드하는 간행물을 체크해야 합니다.

확인할 수 있는 대표적인 사이트로는 한국데이터산업진흥원의 마이데이터 서비스 안내서, 금융보안원의 마이데이터 테스트베드, 마이데이터 지원센터가 있습니다. 특히 마이데이터 지원센터는 마이데이터 참여기관의 전반적인 운영 사항을 관리하고 효율적으로 운영될 수 있도록 지원하는 기관이기에 적극 활용해야 합니다.

3. 마이데이터 사업자가 아니더라도 데이터 활용법은 있다.

마이데이터 관련 사업을 하고 싶지만, 마이데이터를 활용하고 싶다면 다음과 같은 방법이 있습니다.

컨소시엄을 만들어서 데이터 활용하기

웰니스를 다루는 M-box, 교통 분야의 대전시-KISTI 컨소시엄과 데이터 얼라이언스 등과 같이 컨소시엄을 구성할 수 있습니다. 망고플레이트 등과 같은 데이터 활용 기업은 마이데이터 사업자는 아니지만, M-box와 같은 PDS 서비스를 제공하는 기업과 함께 컨소시엄을 이루어 실증사업자로서 마이데이터를 활용하였습니다.

이처럼 마이데이터 사업자가 아니어도 컨소시엄을 이루어 PDS를 활용하면 마이데이터를 기반한 데이터를 활용할 수 있습니다.

API 중계 플랫폼 서비스 활용하기

각 기업과 기관이 소유하고 있는 데이터의 형태는 모두 다를 것입니다. 바로 이 점이 데이터를 주고받고, 활용하는 데 있어 가장 큰 걸림돌입니다. 하지만 챕터2에서도 소개했던 쿠콘과 같은 API 중계 플랫폼 서비스는 고품질로 가공된 데이터를 중계·판매합니다. 그 외에도 쿠콘은 마이데이터 산업 관련 기업의 어려움을 해결해주는 상품들을 제공하고 있습니다. 마이데이터 관련 기업·기관별로 필요한 인프라는 다를 수밖에 없습니다. 이에 쿠콘은 금융기관, 데이터 보유 기관, 마이데이터 사업 미인가 기관, 마이데이터 사업자를 대상으로 맞춤형 마이데이터 상품을 제공합니다.

쿠콘에서 제공하는 상품 유형은 아래와 같습니다.

- 금융 기관이 핀테크 서비스와 연계해 금융 상품 판매 채널을 확대할 수 있는 '마이데이터 F-Info'
- 데이터 보유 기관이 개인신용정보 전송 요구권에 대응할 수 있는 오픈 API 플랫폼 '마이데이터 Open Box'
- 쿠콘과 제휴해 마이데이터 서비스를 도입·운영할 수 있는 자산관리 서비스 '마이데이터 Plug-In'
- 마이데이터 사업자가 450여 데이터 보유 기관을 한 번에 연결하고 통합 운영 관리할 수 있는 '마이데이터 All-in-One'

이처럼 쿠콘과 같은 기업과 제휴하면 마이데이터 사업자가 아니더라도 플러그인 형태로 마이데이터를 이용한 기능을 제공할 수 있습니다.

개인이 제공하는 마이데이터 대신 기업, 기관이 직접 제공하는 오픈데이터, 빅데이터 활용하기

사실 어떤 데이터가 필요하느냐에 따라 개인의 동의를 얻어야 하는 마이데이터가 필요 없을 수도 있습니다. 정부의 통계청이나 기업에서 제공하는 오픈데이터 혹은 빅데이터를 활용하여 서비스를 제공할 수도 있습니다. 쿠콘의 경우, 유료로 기업의 정보들을 가공하여 판매하기도 합니다. 이렇게 가공된 정보들을 이용하면 정보 가공을 위해 드는 시간과 노력을 아낄 수 있습니다. 추구하는 비즈니스의 모습에 따라 현명하게 데이터를 어디서 어떻게 수집하고 어떻게 활용할지 정할 필요가 있습니다.

4. 선택받는 서비스가 되기 위해선 사용자 경험(UX/UI)이 뛰어나야 한다.

이미 책에서 여러 번 언급했던 모바일 금융 서비스의 오픈뱅킹을 예로 들어보겠습니다. 오픈뱅킹의 도입으로 모든 모바일 은행에서 타행 계좌를 연동해서 사용할 수 있게 되었고, 모바일 페이먼트 앱에서도 기본 뱅킹 기능을 사용할 수 있게 되었습니다. 즉, 사용자는 더 이상 주거래 은행의 서비스를 고집할 필요가 없어졌으며, '어떤 은행'을 쓰느냐가 아니라, '어떤 서비스에서 얼마나 편하고 직관적인 사용성'을 제공하는지를 서비스 지속 사용의 주요 이유로 삼게 되었습니다.

마이데이터 패러다임에 있어서도 선택받기 위한 결정적인 이유를 만들어주어야 합니다. 그중 뛰어난 사용성(UX/UI)이 그 결정적인 이유가 될 수 있습니다. 따라서 최적의 사용자 경험을 제공해주기 위한 심미적이고 직관적인 사용자 경험 설계가 필요합니다.

특히 중요한 포인트로 예상되는 것은 '데이터 조회'를 어떤 방법으로 제공할 것인지입니다. 기존의 금융, 핀테크 업체들은 오픈뱅킹 서비스로 인해 사용자의 '입출금 내역'을 위주로 '얼마나 돈을 썼는지'만 알려주면 됐었습니다. 하지만 마이데이터로 인해 사용자의 금융 정보뿐만 아니라, 보험, 증권, 유통 등 다양한 카테고리의 소비 정보들을 보여줄 수 있습니다. 이러한 다양한 정보들을 어떻게 적절하게 작은 모바일 스크린 안에 구성하여 사용자들에게 선보여야 할까요? 많은 정보 백과사전처럼 한데 모아 사용자에게 전달하게 되면 오히려 사용성을 해칠 수 있기 때문에 이를

[그림 5.1] 토스가 제공하는 다양한 정보들 (출처=토스)

결정하는 건 쉽지 않으며, 이것을 성공적으로 수행한 기업은 선택받는 서비스가 될 것입니다.

이런 맥락에서 핀테크 대표 업체는 토스는 마이데이터 사업의 핵심을 '화면 구성'으로 보고 있습니다. 마이데이터 사업으로 인해 데이터 확보 측면에서 같아진다면 '앱을 어떻게 하면 사용자가 편리하게 사용할 수 있을까?'에 초점을 두어야 한다는 것입니다. 화면을 잘 구성한다는 것은 사용자의 멘탈 모델에 맞게 사용자 경험(UX/UI)을 최적화한다는 것입니다. 즉, 모두가 동등한 수준의 데이터를 갖고 있다면 'UX 최적화'가 승리 조건입니다(그림 5.1)

미국의 자산관리 서비스인 핀테크 업체 '민트'도 사용성에 있어서 차별화를 제공한 대표적인 사례입니다. 미국 시장에는 퀴큰(Quicken Online)의 인튜잇사, 머니(Money Online)의 마이크로소프트사와 같은 자산관리 서비스 경쟁사들이 있었습니다. 특히 퀴큰은 2008년 기준으로 약 80%의 시장점유율을 가지고 있습니다. 보통 자산관리 서비스는 개인의 결제 데이터를 바탕으로 어떤 카테고리에서 결제를 했는지 자동으로 분류해주는 기능들이 있습니다. 이때 시장점유율이 높은 퀴큰의 경우 데이터의 상당 부분이 미분류 비용(Uncategorized Expenses)으로 처리되어 부정확한 분류 기능을 제공하였습니다. 이에 사용자는 수기로 데이터를 분류하여야 했습니다.

후발주자인 민트는 이러한 불편한 사용성을 적극적으로 개선하고자 노력하였습니다. 이에 민트는 코드 기반의 자동 분류 알고리즘을 적용하여 약 90% 이상의 뛰어난 정확도를 가진 자동 분류 기능을 제공했습니다. 또 범주의 명칭을 원하는 대로 바꿀 수 있었고, 분류 체계를 개인 선호를 반영하여 편집할 수 있는 커스터마이징 기능을 제공하여 사용자 편의성을 높였습니다. 결과적으로 시장점유율을 높일 수 있었으며, 이렇듯 같은 서비스라 하더라도 어떻게 사용자의 편의성을 높이느냐에 따라 서비스의 판도를 바꿀 수 있습니다.

5. 정보의 보안과 신뢰성에 더욱 신경쓰고, 이를 적극적으로 사용자에게 어필하자.

신뢰와 보안에 대한 솔루션은 신뢰성을 기반으로 사용자에게 선택받는 주요한 이유가 됩니다. 하지만 그 반대로, 서비스가 외면받는 이유가 될 수도 있습니다.

데이터를 다루는 서비스에서 보안성과 신뢰성은 매우 기본적이면서 매우 중요한 사항입니다. 사용자는 계속해서 개인정보가 유출되었다는 서비스들을 직접 겪거나, 뉴스를 통해서라도 몇몇 개인 정보 유출 사고를 직간접적으로 경험하였습니다. 이에 개인 정보의 보안성이 중요하다고 인식하고 있으며, 자신의 정보가 유출되는 것에 대해 불안감을 느끼고 있습니다.

실제 데이터 유출 사례: 세계 최대 소셜미디어 페이스북 개인 정보 유출 사건

2016년 미 대선 전에 영국 정치 컨설팅업체 케임브리지 애널리티카가 정치 광고를 목적으로 페이스북 이용자 8000만 명의 데이터를 수집

2019년에 발생한 페이스북 관련 해킹 사고

1) 2019년 4월: 인터넷에 노출된 앱 개발사들의 데이터베이스에 페이스북 사용자 기록들이 저장되어 있음이 밝혀짐

2) 2019년 9월: 페이스북 사용자 수천만 명의 개인정보가 담겨져 있는 데이터베이스가 발견됨

3) 2019년 12월: 데이터베이스 해킹으로 2억 6700만 명의 사용자들의 이름, 전화번호, 사용자 ID가 유출됨

2021년 4월, 5억 3천만 명 이용자의 정보 유출

– 5억 3천만 명 이용자의 정보가 사이버범죄 포럼 게시판에 유출된 사건. 유출된 정보는 106개국 5억 3300만 명 이상의 전화번호, 페이스북 아이디, 생일, 성별, 주소, 직업까지 포함된 정보였음. 정보 유출 피해자 국가는 미국이 3200만 명, 영국이 1100만 명, 인

도 600만 명 등이며, 한국도 12만 건 이상의 데이터가 유출되었음. 이 정보는 텔레그램을 통해 무료로 배포되고 있다고 함

이러한 뉴스를 접하고, 개인정보가 유출되는 경험을 해본 사용자는 점점 더 정보에 대한 보안과 신뢰성을 믿지 못하고, 불안해하고 있습니다. 지금까지는 점점 더 데이터와 기술에 대해 이해도가 높아지는 사용자는 더 이상 안전하지 못한 방식으로 데이터를 보관하던 서비스를 신뢰할 수 없습니다. 이에 서비스는 개인정보에 대한 신뢰와 보안에 대하여 고민하고, 사용자의 신뢰를 확보하는 것이 중요합니다.

마이데이터 패러다임에서 서비스의 '개인정보에 대한 보안성'과 '신뢰성'의 중요성은 더욱 강조됩니다. 마이데이터 서비스로서 하나의 마이데이터 플랫폼에서 개인의 다양한 데이터를 통합하여 보관·관리하게 된 만큼 사용자는 더욱 서비스가 보안성이 있는지, 신뢰할 수 있는지 고려할 것이기 때문입니다.

서비스 제공자로서 서비스의 보안성과 신뢰성의 관계를 이해하고, 서비스가 가진 보안성을 사용자에게 전달하여 신뢰성을 증진시키고자 노력하는 것을 하나의 과정으로 인식할 필요가 있습니다.

서비스 보안성은 '기술적인 보안성'과 '보안성을 전달하는 UX/

UI 측면'으로 나눌 수 있습니다. 그리고 '보안성을 전달하는 UX/ UI'는 서비스의 신뢰성을 증진시킬 수 있습니다. 즉, 기술적으로 서비스의 실제 보안성을 높여야 하며, 보안 솔루션이 UX/UI적으로 쉽고 설득력 있게 사용자에게 잘 어필되어 신뢰성이 확보되어야 합니다.

마이데이터 패러다임의 목적은 사용자의 "데이터 주권(Data Sovereignty)"을 확보하는 데에 있습니다. 사용자는 점차 개인정보에 대한 '주인의식'이 점점 더 높아지고 있기에 서비스의 보안성과 신뢰성은 점점 더 서비스의 사용 여부를 결정하는 주요한 기준이 될 것입니다. 서비스 제공자(마이데이터 정보 활용자)로서 서비스의 보안성과 신뢰성 확보는 앞으로도 많은 고민과 솔루션 도출이 필요한 부분입니다.

마치며

무궁무진한 가능성을 지닌 마이데이터라는 자산

이 책을 통해 '마이데이터'를 최대한 쉽게 전달하되 마이데이터 패러다임에 충분히 대비할 수 있을 만큼의 인사이트를 제공해 주고자 하였습니다.

이에 지금까지 마이데이터에 대한 전체적인 개론부터 각 산업 분야의 마이데이터 사업 사례, 마이데이터를 활용한 사업 진행 시, 필요한 비즈니스 전략과 데이터 설계 방식에 대하여 설명하였습니다. 마지막으로 마이데이터를 활용한 사업을 고려하고 있는 모든 이들을 위한 제언과 미래에 대해 이야기하며 책의 본문을 마무리하였습니다.

본문에서 언급한 정책의 변화나 여러 사례들만 보더라도 알 수 있듯, 마이데이터 패러다임을 기반으로 많은 마이데이터 인프라와 서비스들이 현재 빠르게 변화하며 실용화되고 있습니다. 이를 통해 마이데이터 패러다임은 국내에 새로운 데이터 경제를 만들어낼 것입니다. 사용자는 자신의 데이터를 통합하고, 관리하고, 활용하고, 제공하며 데이터 주권을 갖게 될 것입니다. 또한, 데이터 제공자는 새로운 이익 창출의 기회를, 서비스 제공자는 가공된 데이터를 활용한 고도화된 맞춤형 서비스를 제공하게 될 것이고, 마이데이터 패러다임으로 생겨난 새로운 비즈니스 영역들도 생겨날 것입니다.

그러나 여기서 더 나아가, 디지털 혁명으로 데이터의 중요성이 더욱 부각되었듯, 마이데이터 패러다임으로 자신의 데이터가 무궁무진한 가능성을 지닌 주요한 자산임을 인식하게 되면 좋겠습니다. 이제 자신에게 주어진 마이데이터라는 자산을 어떻게, 얼마나 효과적으로 활용하느냐는 본인의 손에 달려 있습니다.

이 책을 통해 마이데이터가 세상을 변화시킬 강력한 패러다임인 것을 인식하고, 마이데이터로 인해 새롭게 변화될 세상을 조금 먼저 이해하고 맞이하여 새로운 기회의 가능성을 잡게 되기를 희망합니다.

부록

이것이 마이데이터다

마이데이터
사업자 신청방법
알아보기

Q. 마이데이터 사업자 신청 상황은?

A. 2021년 1월 말 기준, 금융사 14곳, 비금융사(핀테크) 14곳 등 총 28곳이 내달부터 마이데이터 사업을 할 수 있게 되었습니다.

이번에 본허가를 받은 곳은 은행권 5곳(국민·농협·신한·우리·SC제일은행), 여신전문금융권 7곳(국민·우리·신한·현대·비씨카드/현대캐피탈), 금융투자(미래에셋대우), 상호금융(농협중앙회), 저축은행(웰컴저축은행)입니다.

또 핀테크 업체 중에서는 네이버파이낸셜, 비바리퍼블리카(토스)를 비롯해 민앤지, 보맵, 뱅크샐러드, 쿠콘, 팀윙크, 핀다, 핀테크, 한국금융솔루션, 한국신용데이터, 해빗팩토리, NHN페이코, SK플래닛 등 14곳이 본허가를 받았습니다. 이들 업체는 본허가 취득을 통해 다음달 5일부터 마이데이터 사업을 할 수 있게 되었습니다.

금융당국은 3월부터 신규 수요기업을 대상으로 마이데이터 예비허가 추가 사업자 모집에 나설 계획입니다. 금융당국의 공고에 맞게 예비허가 추가 사업자 신청을 하면 됩니다.

Q. 마이데이터 사업자 신청 상황은?

A. 2020.8.5.부터 금융 분야 마이데이터 사업을 영위하기 위해서는 금융위원회로부터 허가를 받아야 합니다. 마이데이터 허가를 원활하게 진행하기 위해 마이데이터 예비허가 사전신청서 접수를 실시하였습니다. 이는 마이데이터 예비허가 사전 신청을 통해 정식 예비허가 접수 전 허가요건 등을 검토하기 위함입니다.

Q. 마이데이터 사업자 평가위원회 및 평가 기준은?

A. 마이데이터 사업자 심사 기준은 △자본금 요건 △물적 시설 △사업 계획의 타당성 △대주주 적격성 △신청인의 임원 적격성 △전문성 요건 등 6가지입니다. 최소 자본금이 5억 원 이상이어야 하고 충분한 출자 능력과 건전한 재무 상태를 갖추고 있는지를 봅니다.

또한, 신청자의 준비상황 및 금융회사·빅테크·핀테크 기업 간의 균형 등도 고려한다고 합니다. 예상 고려사항은 다음과 같습니다.

· 20.5.13. 기준 마이데이터 서비스를 출시 및 운영하고 있는지 여부
· 사업계획의 타당성, 물적요건 등 마이데이터 허가 요건 준비 상황

허가심사의 공정성·객관성 확보를 위해 금융감독원에 외부평가위원회를 운영할 예정입니다. 외부평가위원회 위원들은 경영, IT·보안, 소비자보호 등 여러 분야의 전문가로 구성된다고 합니다.

Q. 마이데이터 사업자 신청 대상에 제한이 있는가?

A. 금융위에 의하면 마이데이터 사업 허가 신청 대상은 제한이 없습니다. 기존 금융사나 캐피털사 등 이 사업 신청 대상에는 제한이 없습니다.

Q. 마이데이터 사업자 신청 계열사 중 하나만 가능한가?

A. 한 금융지주사 내에서도 여러 계열사가 별도로 마이데이터 사업 허가를 받으면 관련 사업을 진행할 수 있습니다. 관계자는 같은 금융지주사라 하더라도 계열사별로 마이데이터 사업 허가 신청서를 내야 하며, 인허가의 개수 제한은 없지만 물리적으로 한 번에 허가 결과를 내긴 어려울 것으로 보입니다.

Q. 마이데이터 사업자 보류된 기업들, 그 이유는?

A. 예비허가 보류 결정을 받은 기업들의 대부분은 대주주 적격성 문제로 보류 판단을 받은 것으로 알려졌습니다. 해당 내용은 다음 부록에서 더 자세히 알아보도록 하겠습니다.

Q. 정보제공 의무가 있는 기업의 범위는?

A. 21.05.11 기준 정보 제공 의무가 있는 기업 범위

구 분	구체적 범위
신용정보제공·이용자 (시행령 제5조 제2항 제1호부터 제21호까지의 자)	은행, 금융지주회사, 한국산업은행, 한국수출입은행, 농협은행, 수협은행, 중소기업은행, 한국주택금융공사, 금융투자업자·증권금융회사·종합금융회사·자금중개회사 및 명의개서대행회사, 상호저축은행과 그 중앙회, 농업협동조합과 그 중앙회, 수산업협동조합과 그 중앙회, 산림조합과 그 중앙회, 신용협동조합과 그 중앙회, 새마을금고와 그 연합회, 보험회사, 여신전문금융회사, 기술보증 기금, 신용보증기금, 신용보증재단과 그 중앙회, 한국무역보험공사, 예금보험 공사 및 정리금융회사
신용정보제공·이용자 (시행령 제21조 제2항 각 호의 자)	「건설산업기본법」에 따른 공제조합, 「국채법」에 따른 국채등록기관, 「한국 농수산식품유통공사법」에 따른 한국농수산식품유통공사, 「서민의 금융생활 지원에 관한 법률」 제56조에 따른 신용회복위원회, 「산업재해보상보험법」에 따른 근로복지공단, 「소프트웨어산업 진흥법」에 따른 소프트웨어공제조합, 「엔지니어링산업 진흥법」에 따른 엔지니어링공제조합, 「예금자보호법」에 따른 정리금융회사, 「우체국예금·보험에 관한 법률」에 따른 체신관서, 「전기 공사공제조합법」에 따른 전기공사공제조합, 「주택도시기금법」에 따른 주택 도시보증공사, 「중소기업진흥에 관한 법률」에 따른 중소벤처기업진흥공단, 「벤처투자 촉진에 관한 법률」 제2조제10호 및 제11호에 따른 중소기업창업투자회사 및 벤처투자조합, 「중소기업협동조합법」에 따른 중소기업중앙회, 「한국장학재단 설립 등에 관한 법률」에 따른 한국장학재단, 한국자산관리공사, 국민행복기금, 「서민의 금융생활 지원에 관한 법률」 제3조에 따른 서민금융 진흥원, 「대부업 등의 등록 및 금융이용자 보호에 관한 법률」 제3조제2항에 따라 금융위원회에 등록한 대부업자등, 「산업발전법」 제40조제1항제1호에 따른 자본재공제조합, 「소상공인 보호 및 지원에 관한 법률」 제17조제1항에 따른 소상공인시장진흥공단, 「자산유동화에 관한 법률」에 따라 금융위원회에 자산유동화계획을 등록한 유동화전문회사, 「농업협동조합의 구조개선에 관한 법률」

	제29조에 따른 농업협동조합자산관리회사, 「한국교직원공제회법」에 따른 한국교직원공제회, 「여객자동차 운수사업법」 제61조제1항에 따라 설립된 공제조합, 「화물자동차 운수사업법」 제51조의2제1항에 따라 설립된 공제조합, 기술신용평가 업무를 하는 기업신용조회회사, 「온라인투자연계금융업 및 이용자 보호에 관한 법률」 제2조제3호에 따른 온라인투자연계금융업자
신용정보제공·이용자 (기타)	「전자금융거래법」 제2조제4호에 따른 전자금융업자, 「자본시장과 금융투자업에 관한 법률」에 따른 한국거래소 및 예탁결제원, 신용정보회사, 본인신용정보 관리회사, 채권추심회사, 「여신전문금융업법」 제2조제16호에 따른 겸영 여신업자, 「전기통신사업법」 제6조에 따른 기 간통신사업을 등록한 전기통신사업자, 「한국전력공사법」에 따른 한국전력공사, 「한국수자원공사법」에 따른 한국 수자원공사
공공기관	행정안전부, 보건복지부, 고용노동부, 국세청, 관세청, 조달청, 「공무원연금법」 제4조에 따른 공무원연금공단, 「주택도시기금법」 제16조에 따른 주택도시 보증공사, 「한국주택금융공사법」에 따른 한국주택금융공사, 「산업재해보상 보험법」 제10조에 따른 근로복지공단, 「서민의 금융생활 지원에 관한 법률」 제56조에 따른 신용회복위원회, 지방자치단체 및 지방자치단체조합, 「국민 건강보험법」 제13조에 따른 국민건강보험공단, 국민연금공단

마이데이터
사업자 신청 결과로
알아보는
'심사 기준'

마이데이터 사업자를 신청하고, 어떤 기업은 허가, 또 어떤 기업은 심사 보류의 결과를 받았습니다(2021년 5월 중순 기준). 실제 사례들을 익명처리하여 해당 결과에 대한 이유와 심사 보류 시 어떻게 해결했는지를 살펴보겠습니다. 이를 통해 마이데이터 사업자 허가에 대한 도움이 되기를 바랍니다.

마이데이터 사업자 보류→ 해결한 사례
사례 1. IT기업 A사

'A사'의 2대 주주 '가'가 외국환거래법 위반으로 검찰 조사를 받고 있다는 사실이 뒤늦게 드러나면서 대주주 적격성 문제가 떠올랐으나, '가'는 보유하고 있던 'A사' 보통주(10만 9500주)를 전환우선주로 변경했습니다. 전환우선주는 다른 종류의 주식으로 전환할 수 있는 주식 형태입니다. 따라서 '가'가 보유한 'A사'의 의결권이 있는 주식은 9.5%로 줄었습니다. 관련법에 따라,

의결권이 있는 지분율이 10%가 안 되면 대주주 적격성 심사를 받지 않아도 되기 때문입니다. 'A사'는 마이데이터 심사 규정을 충족하여 마이데이터 사업자 허가를 받았습니다.

사례 2. 핀테크 B사, C사

마이데이터 사업자 신청 이후, 'B사'와 'C사'의 경우 대주주 관련 자료를 충분히 제출하지 않아 대주주 심사가 완료되지 못했습니다. 그러나 최종 허가 결과는 달랐습니다. 'B사'는 대주주 관련 서류를 보완하여 결국 마이데이터 허가를 받았지만, 'C사'는 마이데이터 서비스를 허가받지 못했습니다.

마이데이터 사업자 보류→ 해결하지 못한 사례
사례 1. 핀테크 C사

앞서 언급되었던 'C사'는 실질적인 대주주인 '나사가 중국 금융당국으로부터 제재 또는 형사처벌을 받은 적이 있는지 확인되지 않아 예비허가 심사가 미뤄졌습니다. 신용정보법은 마이데이터 사업을 하고자 하는 기업의 대주주가 금융당국의 제재나 형사처벌을 받은 이력이 있으면 허가를 제한하기 때문입니다.

* '나사는 'C사'의 지분 43.9%를 가진 '다'사를 소유하고 있습니다.

'C사'는 1차 마이데이터 예비허가 심사에 참여하였지만 2대 주주인 중국 '다'사에 대한 법적인 제재가 진행되고 있는지 확인이 불가능한 상황입니다. 중국 중앙은행인 인민은행이 우리 금융당국에 증빙 서류를 제출하지 않고 있기 때문입니다. 이에 심사가 '진행중' 상태로 멈춰 있는 상황입니다. 이에 금융위원회는 금융발전심의회(금발심) 정책·글로벌 금융분과 제2차 회의를 열고 금융권 인허가 심사중단제도 개선안을 논의했습니다.

사례 2. 카드사 D사

역시나 대주주 적격성 문제로 심사가 보류됐던 'D'사는 당장 관련 서비스 중단을 해야 합니다. 이들 모두 대주주에 대한 형사소송과 금융당국 제재 절차 등으로 발목이 잡히며 마이데이터 사업에 어려움을 겪고 있습니다.

사례 3. 금융그룹 E사

'E'사의 계열사 또한 대주주 적격성 문제로 심사가 보류되었습니다. 대주주에 대한 형사소송과 금융당국 제재 절차 등으로 발목이 잡혀 마이데이터 사업에 어려움을 겪고 있으며, 관련 서비스 중단을 해야 하는 위기라고 합니다. 이에 2021년 3월, 금융위원회는 기존부터 서비스를 이용해온 고객 불편이 발생할 우려가 있고, 마이데이터는 데이터 혁신과 개인의 정보주권 강화를 위해 진입장벽을 크게 낮춘 금융연관 산업이라는 특성 등을 고려해 'E'사의 계열사와 일부 타 핀테크사에 대해 조건부로 적극행정 차원에서 마이데이터 심사를 재개할 수 있도록 하겠다고 밝혔습니다.